Novelle italiane contemporanee

*Nouvelles italiennes
contemporaines*

Présentation, traduction et notes
par
Éliane DESCHAMPS-PRIA
Agrégée de l'Université

Langues pour tous
Collection dirigée par Jean-Pierre Berman, Michel Marcheteau et Michel Savio

---

ITALIEN

☐ Pour débuter ou tout revoir
  • **40 leçons pour parler italien** ●● ⓒ🅓
☐ Pour se perfectionner et connaître l'environnement :
  • **Pratiquez l'italien** ●● ⓒ🅓
☐ Pour se débrouiller rapidement :
  • **L'italien tout de suite !** ⓒ🅓
☐ Pour évaluer et améliorer votre niveau :
  • **200 tests d'italien** (1ᵉʳ semestre 2006)
☐ Pour aborder la langue spécialisée :
  • **L'italien économique et commercial**
☐ Pour s'aider d'ouvrages de référence :
  • **Grammaire italienne pour tous**
  • **Dictionnaire de l'italien d'aujourd'hui**
  • **Vocabulaire de l'italien moderne**
☐ Pour prendre contact avec des œuvres en version originale :
  • **Série bilingue :**

➡ Niveaux : ☐ facile (1ᵉʳ cycle) ☐☐ moyen (2ᵉ cycle) ☐☐☐ avancé

  Buzatti Dino : • Nouvelles ☐☐

• **Nouvelles italiennes d'aujourd'hui** ☐☐
  V. Brancati, D. Buzati, I. Calvino, G. Celati,
  A. Moravia, L. Pirandello, L. Sciascia.

• **Nouvelles italiennes contemporaines**
  I. Svevo, E. Vittorini, T. Landolfi, etc. ☐☐☐

●● ⓒ🅓 = Existence d'un coffret : Livre + K7 + CD /ⓒ🅓 ou seul.
Attention : K7 ou CD ne peuvent être vendus séparément du livre.
➡ Le livre seul est disponible.

Autres langues disponibles dans les séries de la collection **Les langues pour tous** :
ALLEMAND - ANGLAIS - AMÉRICAIN - ARABE - CHINOIS - CORÉEN - FRANÇAIS
GREC - HÉBREU - ITALIEN - JAPONAIS - LATIN - NÉERLANDAIS - OCCITAN
POLONAIS - PORTUGAIS - RUSSE - TCHÈQUE - TURC - VIETNAMIEN

Comment utiliser la série « Bilingue » ?

Cet ouvrage est destiné à ceux qui ont déjà une certaine connaissance de la langue italienne et désirent améliorer et enrichir cette pratique par le biais de textes littéraires.

Les textes sont choisis et ordonnés selon une difficulté croissante qu'il serait opportun de respecter, car les notes grammaticales ne seront pas répétées et s'estomperont peu à peu au profit d'informations portant sur la civilisation et la littérature.

Il est conseillé au lecteur de lire d'abord l'italien, de se reporter aux notes et de ne passer qu'ensuite à la traduction ; sauf, bien entendu, s'il éprouve de trop grandes difficultés à suivre le texte dans ses détails, auquel cas il lui faut se concentrer davantage sur la traduction, pour revenir finalement au texte italien en s'assurant bien qu'il en a maintenant maîtrisé le sens.

Nous ne prétendons pas donner de ces nouvelles la meilleure traduction possible, mais celle qui permet le mieux de saisir le fonctionnement des structures de la langue italienne, quitte à préciser en note les excès ou les défauts de fidélité;

Dans le précédent volume, *Nouvelles italiennes d'aujourd'hui*, nous avions fait une large place aux écrivains connus et reconnus. Nous avons voulu cette fois découvrir des auteurs neufs, et ceux qu'on a parfois laissés dans l'ombre. Autant de traductions nouvelles pour que s'ajoute au plaisir de lire celui de découvrir en sortant des chemins balisés par l'édition courante.

Nous avons fait ce choix pour que les vivants, souvent plus proches par leur langue, ouvrent la voie aux disparus.

Éliane DESCHAMPS-PRIA, agrégée d'italien et ancienne élève de l'École normale supérieure de Fontenay-aux-Roses, a enseigné l'italien, que, par ailleurs, elle traduit.

Elle a publié, dans **Langues pour tous**, l'ouvrage bilingue *Nouvelles italiennes d'aujourd'hui*.

Dernières traductions :
- *Eva* de G.-A. Borgese (éd. Desjonquères).
- *Quatre nouvelles sur les apparences* de Gianni Celati (éd. Flammarion)
- *L'âge de la conversation* de Benedetta Craveri (éd. Gallimard)
- *Je te quitte moi non plus* de Franco La Cecla (éd. Calmann-Lévy)

Sommaire

Marco LODOLI
(né en 1956, à Rome)

Italia novanta
Italie 90
(1991)

Enseignant dans un lycée technique, Lodoli s'est fait connaître en 1986 par un premier roman, **Diario di un millennio che fugge** (*Chronique d'un siècle qui s'enfuit*), suivi d'un recueil de poésies, **Ponte Milvio**. En 1989 il publie un volume de nouvelles, **Il grande raccordo** (*Le clocher brun*) et, en 1990, **I fannulloni** (*Les fainéants*).

Il observe et décrit minutieusement, nostalgiquement, la vie qui l'entoure, les petits drames d'une ville (et d'une Italie) qui a perdu ses points de repère et s'attendrit sur ses plaies.

L'écriture est parcimonieuse ; seuls en elle parlent les silences.

Insieme hanno visto [1] cambiare l'Italia, notte dopo notte, sino a questa notte ancora fredda di mezza [2] primavera. Finita la guerra, Ivan e Pietro cominciarono ad attaccare [3] manifesti per il Blocco del Popolo, contendendo ai fascisti e ai democristiani gli spazi autorizzati, e non solo quelli, ma anche le lamiere attorno ai cantieri nuovi, i muretti dei Lungotevere [4], il cemento dei vespasiani e i tronchi dei grandi platani, e i neri portoni delle case borghesi. Non c'era luogo su cui non dovesse aderire la verità.

Già da [5] allora Ivan sapeva preparare la migliore [6] colla del mondo, con l'acqua e la farina dentro al secchio d'alluminio ammaccato, e poi con la pennellessa ne [7] spargeva un velo sottile [8], pressoché invisibile, capace di sostenere con forza le parole più [9] giuste e comuniste, per rifarlo [10] tutto da [5] capo, questo mondo di merda. Aveva spalle da [11] armadio di campagna e un'anima come lo specchio tra le ante : aveva vent'anni, Ivan. Pietro invece era sottile come una canna di bambù che sa anche piegarsi [10] e ragionare, e fischiare nell'aria le più belle canzoni della Resistenza. Srotolava [12] la carta dei manifesti come un mercante persiano avrebbe srotolato davanti al principe il suo tappeto migliore. La faccia di Garibaldi [13] non prendeva mai vento, non si rovesciava né s'attaccava sghemba e indecisa : era perfetta, rivoluzionaria, futura.

In quelle notti speranzose [14], Pietro e Ivan conobbero [15] le loro donne :

---

1. p.p. irrég. du v. **vedere** qui a aussi un p.p. régulier **veduto**.
2. **mezzo** : *demi*, *moitié*, adj. ou adv. : 1. (s'accorde) **hanno lavorato mezza giornata** ; **mezzogiorno**, *midi* ; **mezzanotte**, *minuit* ; 2. (inv.) **una città mezzo distrutta**.
3. Plusieurs sens : *attaquer*, *accrocher*, *coller*. Une expression pittoresque : **attaccare bottone a qualcuno**, *lui tenir la jambe*.
4. Mot composé sur **lungo** + nom du fleuve : **il Lungarno** ; **il Lungosenna** ; id. **il lungomare**.
5. La prép. **da** à divers sens : ici l'origine (sens plus large de distance, écart) ; cf. plus loin, **rifarlo tutto da capo**.
6. **buono**, **migliore**, **ottimo** ; **cattivo**, **peggiore**, **pessimo**.
7. △ **ne** : *en*, ne pas confondre avec **né** : *ni* ; **non ne voglio perché non mi piacciono né l'uno né l'altro** : *je n'en veux pas parce que ni l'un ni l'autre ne me plaisent*.

Ensemble ils ont vu l'Italie changer, nuit après nuit, jusqu'à cette nuit encore froide de mi-printemps. Juste après la guerre, Ivan et Pietro commencèrent à coller des affiches pour la Coalition du Peuple, disputant aux fascistes et aux démocrates chrétiens non seulement les espaces autorisés mais aussi les tôles des palissades autour des nouveaux chantiers, les murets des quais du Tibre, le ciment des vespasiennes et les troncs des grands platanes, et les portes cochères noires des maisons bourgeoises. Pas une surface qui ne dût porter la vérité.

Déjà à cette époque, Ivan savait préparer, avec de l'eau et de la farine, la meilleure colle du monde, dans le seau d'aluminium cabossé ; puis, avec son gros pinceau, il en étalait une fine couche presque invisible capable de fixer solidement les mots les plus justes et les plus communistes, pour le reconstruire de fond en comble ce monde de merde. Il avait des épaules comme une armoire de campagne et une âme comme le miroir de la dite armoire ; il avait vingt ans, Ivan. Quant à Pietro, il était fluet comme un roseau, et comme un roseau il savait se plier et penser et siffloter à tous les vents les plus belles chansons de la Résistance. Il déroulait les affiches comme un marchand persan aurait déroulé devant le prince son plus beau tapis. Le portrait de Garibaldi n'était jamais exposé au vent, jamais il ne se retroussait, ni ne se trouvait collé de travers ou froissé : il était parfait, révolutionnaire, éternel.

C'est pendant ces nuits exaltées que Pietro et Ivan connurent leurs compagnes :

---

8. Voir plus bas : **Pietro era sottile** et aussi sens dérivé : *subtil*.
9. △ Le superlatif italien est identique au français : voir plus bas **le più belle canzoni**, mais on ne répète pas l'article quand celui-ci précède immédiatement le substantif. Voir page suivante : **per la notte più dolce**.
10. △ enclise des pronoms : le pronom s'accroche au v. à l'infinitif (et aussi au gérondif et à l'impératif) sauf **loro** qui se place toujours après le verbe.
11. Autre sens de **da** : *digne de*, *qui fait penser à* ; **una fame da lupo**.
12. **s** préfixe pour former des antonymes : **rotolare** ≠ **srotolare**, **coprire** ≠ **scoprire**. Voir plus loin : **sterminata**, **sfondato**.
13. Voir note 6, page 22.
14. **-oso**, cf. *-eux* français ; **pietroso**, *pierreux* ; **gioioso**, *joyeux*.
15. p.s. irrég. du v. **conoscere**.

Sara che militava nel partito[1] e aveva i capelli corti e rossi, e Marianna che per vivere faceva la puttana a Piazza Vittorio, e questo non era certo un problema, perché nell'amore e nel comunismo siamo tutti uguali.

[Si sposarono al Campidoglio[2] lo stesso giorno, gli uni testimoni degli altri, tutti e quattro[3] vestiti bene, stringendosi[4] e ridendo[4] dentro una sola fotografia. Nessuno di loro aveva parenti da[5] invitare, e fu bello così, salire su un camioncino e andare a ubriacarsi a Frascati, fermarsi lì alla pensione Da[6] Stella per la notte più dolce.

Ivan e Marianna presero[7] in affitto un appartamento a Viale Eritrea, e l'anno seguente, quando si liberò un quartierino[8] sul loro pianerottolo, vennero[9] anche Pietro e Sara. La sera mangiavano allo stesso tavolo, di qua o di là, e facevano progetti sull'avvenire. In sezione ora andavano un po'[10] meno, anche perché Pietro e Ivan erano stati assunti[11] da[12] una ditta di pubblicità, e tutta la notte incollavano manifesti di tante[13] cose che non c'entravano[14] niente con la rivoluzione. D'altronde, si dicevano, bisogna guadagnare soldi per mantenere le nostre famiglie, adesso che le donne hanno i nostri bambini in pancia[15] e le nausee.]

Pietro e Ivan avevano in consegna cinquanta grandi cartelloni[16] sparsi[17] un po' ovunque[18] nella città. Dovevano badare[19] anche alla manutenzione, cambiare le lastre di zinco del fondo se arrugginivano[20], i pali[21] di sostegno se marcivano[22].

---

1. **il partito** indique toujours le parti communiste (PCI) devenu en 1991 le PDS : **Partito Democratico della Sinistra**. Son organe de presse est le quotidien *L'Unità*.
2. Le palais du Capitole est le siège de la mairie de Rome.
3. Noter cette expression. Au fém. **tutte e quattro**.
4. Le gérondif des verbes est **-ando** pour les v. en **-are**, **-endo** pour les v. en **-ere** et **-ire**. Voir aussi n. 10, p. 11.
5. Autre sens de **da** : l'obligation. **Ho molte cose da fare.**
6. Ici **da** signifie *chez* : **vivo da mia sorella**.
7. p.s. irrégulier du verbe **prendere** : **presi, prendesti, prese, prendemmo**...
8. **quartiere** signifie aussi *le quartier* ; **-ino**, suff. diminutif.
9. p.s. irrég. du v. **venire** : **venni, venisti, venne, venimmo**...
10. Apocope très courante de **un poco**.
11. p.p. irrég. du v. **assumere** : *assumer, embaucher*.

12

Sara, qui militait dans le parti et avait des cheveux courts et roux, et Marianna, qui gagnait sa vie en faisant le tapin Piazza Vittorio, mais ça n'était pas un problème car dans l'amour et le communisme on est tous égaux.

Ils se marièrent au Capitole le même jour, se servant mutuellement de témoins, tous les quatre dans leurs beaux habits, se serrant les uns aux autres et riant sur une même photographie. Aucun d'eux n'avait de parents à inviter et ce fut épatant de monter dans une camionnette et d'aller se soûler à Frascati et de s'arrêter à la pension Da Stella pour la plus douce des nuits.

Ivan et Marianna louèrent un appartement avenue Eritrea et, l'année suivante, quand un petit logement se libéra sur leur palier, Pietro et Sara vinrent l'occuper. Le soir ils faisaient table commune, chez l'un ou chez l'autre, et bâtissaient des projets pour l'avenir. Ils fréquentaient un peu moins la section, surtout depuis que Pietro et Ivan avaient été embauchés par une agence de publicité et que toute la nuit ils collaient les affiches d'un tas de choses qui n'avaient rien à voir avec la révolution. D'ailleurs, se disaient-ils, il faut gagner de l'argent pour faire vivre nos familles maintenant que nos femmes ont nos gosses dans leur ventre et des nausées.

Pietro et Ivan avaient la charge de cinquante grands panneaux disséminés un peu partout dans la ville. Ils devaient également s'occuper de leur entretien, changer les plaques de zinc quand elles rouillaient, les poteaux quand ils pourrissaient.

---

12. Nouveau sens de **da** : complément d'agent, *par*.
13. **tanto** est soit adv. invariable : **la festa fu tanto bella**, soit adj. et dans ce cas il s'accorde, comme ici.
14. Mot à mot : *n'y entraient pour rien*.
15. Plusieurs expressions sur le même modèle : **in mano**, **in testa**.
16. **cartello** + **-one** suff. augmentatif.
17. p.p. irrég. du v. **spargere** : *répandre, éparpiller*.
18. **ovunque** ou **dovunque** : *où que ce soit* ; sur le même modèle, **qualunque** : *quoi que ce soit* ; **chiunque** : *qui que ce soit*.
19. **badare** : *faire attention, surveiller*.
20. De **la ruggine** : *la rouille*.
21. **il palo del telefono** ; **i pali della luce** : cf. *empaler* ; **saltare di palo in frasca** (*sauter du poteau aux branches*) : *sauter du coq à l'âne*.
22. **marcio** : *pourri*.

Uscivano alle dieci[1] di sera con il furgoncino, il ripiano[2] carico dei rotoli dei manifesti, la scala spezzata[3] in tre, i panini[4] dentro le buste[5]. A chi non sa[6] niente del mondo può[7] sembrare un mestiere facile, invece è un'arte far combaciare[8] esattamente i lembi ed evitare le grinze : e poi allontanarsi trenta passi e guardare se l'immagine è stesa[9] con cura[10]. A volte[11] basta un angolo che non ha preso[12] bene e in poche[13] ore il vento straccia[14] tutto. Ivan e Pietro si capivano con poche[13] parole : passa, tira, di più, di meno, sigaretta, andiamo. Gli ultimi cartelloni li incollavano che l'alba già schiariva le cupole e i freschi palazzoni. La prima gente diretta al lavoro poteva ammirare Montgomery Cliff e la Monroe, la Vespa Piaggio e le candele Marelli, Totò[15] e le plastiche Moplèn, tutti immensi e colorati al di sopra delle teste, appena sotto al cielo.

Ivan e Pietro facevano colazione[16] in un bar di piazza Annibaliano, accanto ai camion dei traslochi[17]. Una mattina pagava uno, la mattina dopo l'altro. Compravano le Nazionali[18] e il giornale, leggevano insieme i titoli minacciosi in prima pagina. Altre volte, invece, si allungavano fino ad Ostia, quasi[19] gli mancasse la voglia[20] di tornare subito a casa e buttarsi sul letto a dormire. Si presero un cartellone anche lì, per avere un motivo in più di stare in giro[21]. Capitava che Ivan sentisse[22] freddo e malinconia nella testa e domandasse[22]. « Ma tu davvero che ne pensi, Pietro ? », e Pietro diceva :

---

1. Le mot **ore** est sous-entendu, d'où l'emploi de l'article.
2. **piano** : *plan*, *plat*, d'où **ripiano** et plus loin v. **spianare**.
3. De **pezzo** : *morceau*.
4. **pane** + **-ino** diminutif : *petit pain* et couramment *sandwich*.
5. 1. *sachet de papier* ou *de plastique* ; 2. *enveloppe*.
6. v. **sapere** irrég. au présent : **so, sai, sa, sappiamo, sapete, sanno**.
7. v. **potere** irrég. au présent : **posso, puoi, può, possiamo, potete, possono**.
8. De **bacio** : *baiser*.
9. p.p. irrég. de **(s)tendre, (dis)tendere, (at)tendere**...
10. D'où le v. **curare** : *soigner* et le français *cure*.
11. syn. **talvolta, qualche volta**.
12. p.p. irrég. du v. **prendere** ; **una presa di tabacco**.

Ils sortaient à dix heures du soir avec leur fourgonnette, les rouleaux d'affiches entassés sur le plateau, leur échelle pliée en trois, leur casse-croûte dans un sac. Ceux qui ne savent rien du monde s'imaginent que c'est un métier facile alors que c'est tout un art de raccorder exactement les bords et d'éviter les plis ; après, il faut reculer d'une trentaine de pas et regarder si l'image est bien collée. Parfois il suffit d'un coin qui ne tient pas bien pour qu'en quelques heures le vent arrache tout. Ivan et Pietro se comprenaient à demi-mot : donne, tire, un peu plus, un peu moins, cigarette, on y va. Ils recouvraient les derniers panneaux alors que l'aube éclairait déjà les coupoles et les immeubles tout frais. Les premiers qui partaient au travail pouvaient admirer Montgomery Cliff et Marylin Monroe, la Vespa Piaggio et les bougies Marelli, Totò et les plastiques Moplèn, les uns et les autres gigantesques et coloriés par-dessus les têtes, juste au-dessous du ciel.

Ivan et Pietro prenaient leur petit déjeuner dans un bar de la place Annibaliano, à côté des camions de déménagement. Un matin c'était l'un qui payait, le lendemain c'était l'autre. Ils achetaient leurs Nazionali et leur journal, ils lisaient ensemble les titres menaçants de la première page. Mais parfois ils poussaient jusqu'à Ostie, comme s'ils n'avaient pas envie de rentrer tout de suite et de se jeter sur leur lit pour dormir. En plus des autres, ils se chargèrent d'un panneau à Ostie pour avoir une raison supplémentaire de rester dehors. Il arrivait que Ivan ait une sensation de froid et de mélancolie dans la tête et demande : « Mais toi, Pietro, qu'est-ce que tu en penses vraiment ? » et Pietro disait :

---

13. Même règle d'accord que **tanto**. Voir n. 13, p. 13.
14. **uno straccio** : *un chiffon* ; **uno straccione** : *un clochard*.
15. Très célèbre acteur comique napolitain (1898-1967), inoubliable dans le film de Pasolini *Uccellacci uccellini* (1966).
16. Les trois repas de la journée : **la colazione, il pranzo, la cena**.
17. v. **traslocare**, changer de **loco** (cf. *local(iser)*), forme ancienne de **luogo**.
18. Équivalent de nos Gauloises.
19. 1. *presque* ; 2. *comme (si)*, avec imparfait du subjonctif.
20. Dérivé du v. **volere** irrég. au présent : **voglio, vuoi, vuole, vogliamo, volete, vogliono**.
21. *tour* ; **il Giro d'Italia** ; **in giro** : *en balade* ; v. **girare**.
22. L'italien exige une concordance entre le temps de la principale et celui de la subordonnée : ici imparfait et donc imp. du subj.

« Di che ? », e Ivan si rimetteva zitto [1], perché non lo sapeva nemmeno lui come andare avanti, in quale direzione. Allora aggiungeva : « Dei cartelloni. » E Pietro diceva : « Alcuni [2] sono belli », accendendosi [3] l'ultima sigaretta, la più nervosa.

[Quando d' [4]inverno soffiava il vento o pioveva, Ivan teneva ben ferma [5] la scala tra le sue braccia [6] erculee, e Pietro arrampicava : e poi, scendendo, metteva l'ultimo passo sulla spalla dell'amico. « Grazie Ivan » gli diceva. I soldi li dividevano a metà, ma quando Sara fu operata, per [7] tre mesi li prese tutti Pietro, e non ci fu problema.

Dopo qualche [8] anno alle immagini dei manifesti quasi non facevano più caso [9], erano donne abbronzate e aperitivi, erano strisce [10] di colore e parole strane, erano palme e macchine [11] nuove. La sola cosa importante è che fossero spianate a regola d'arte. Avevano tre figli ciascuno [2], e l'ultimo di Pietro era di Ivan e il secondo di Ivan era di Pietro, poiché nascostamente [12], inevitabilmente [12], s'erano battuti le reciproche mogli [13]. Poi lo seppero [14], ma fecero [15] finta [16] di nulla, perché tutto passa... Intanto i bambini crescevano e succhiavano [17] sempre più denaro, volevano la vita e le cose dipinte [18] sui cartelloni [19], quella gioia lì. A Ivan sul testone [19] i capelli erano divenuti bianchi in fretta [20], mentre Pietro s'era fatto calvo [21] e un po' curvo, tossiva parecchio [22]. Quando s'allontanavano per vedere se la carta era incollata a dovere [23], spesso nemmeno più capivano di che si trattava, per quale motivo lassù quei giovani biondi ridevano.]

---

1. **zitto** adj. : *muet, silencieux* ; interjection : *chut !, silence !*
2. Plusieurs mots, à la fois adj. et pronom, sont formés avec l'article **uno** : **alcuno, ciascuno, qualcuno, nessuno**.
3. Voir n. 10, p. 11 et n. 4, p. 12.
4. Retenir cet emploi de **di** : **di primavera, di giorno, di notte**.
5. **fermo** : *immobile* ; **fermare** : *immobiliser, arrêter*.
6. Ce pluriel irrég. sera expliqué dans le texte suivant, n. 14, p. 27.
7. 1. (sens le plus fréquent) : *pour* ; 2. *pendant*.
8. ⚠ **qualche** est toujours suivi du singulier.
9. Cf. en français : *faire cas*.
10. Même règle que pour les mots en **-io**. Voir n. 3, p. 34.
11. 1. *automobile* ; 2. *machine*.
12. Formation de l'adv. : féminin de l'adj. (qui perd sa voyelle finale pour les adj. en **-ile, -ole, -are**) + **mente**.

« De quoi ? », alors Ivan rentrait dans son silence parce qu'il ne savait pas lui-même comment poursuivre et dans quelle direction. Alors il ajoutait : « Des panneaux. » Et Pietro disait : « Certains sont beaux », en allumant la dernière cigarette, la plus fébrile.

L'hiver, quand le vent soufflait ou qu'il pleuvait, Ivan tenait bon l'échelle de ses bras d'Hercule et Pietro grimpait ; puis quand il redescendait il achevait le dernier pas sur l'épaule de son ami. Il lui disait : « Merci Ivan. » Pour l'argent ils faisaient toujours moitié moitié, mais, quand Sara fut opérée, pendant trois mois c'est Pietro qui prit tout, et ça ne posa aucun problème.

Au bout de quelques années, ils ne prêtaient même plus attention aux images des affiches : c'étaient des femmes bronzées et des apéritifs, c'étaient des bandes colorées et des mots étranges, c'étaient des palmiers et des voitures neuves. La seule chose qui comptait pour eux c'était qu'elles soient aplanies dans les règles de l'art. Ils avaient chacun trois enfants : le dernier de Pietro était de Ivan et le second de Ivan était de Pietro car en cachette, inévitablement, ils avaient échangé leurs femmes. Par la suite ils l'apprirent, mais ils firent comme si... parce que tout passe. En attendant les enfants grandissaient et dévoraient de plus en plus d'argent ; ils voulaient la vie et les choses représentées sur les affiches, ce bonheur-là. Sur la grosse tête d'Ivan les cheveux avaient rapidement blanchi tandis que Pietro était devenu chauve et un peu voûté, il toussait beaucoup. Quand ils reculaient pour voir si l'affiche était bien collée, souvent ils ne comprenaient même plus de quoi il s'agissait, pour quelle raison, là-haut, ces jeunes garçons blonds riaient.

---

13. Le seul mot terminé en **-ie** qui ne soit pas invariable.
14. p.s. irrég. du v. **sapere** : **seppi, sapesti, seppe**...
15. p.s. irrég. du v. **fare** : **feci, facesti, fece, facemmo**...
16. **finta** : *feinte* ; **finto** : *feint, artificiel* ; du v. **fingere** ; **fiore finto, capelli finti, gentilezza finta**.
17. v. **succhiare** : *sucer* ; **succhiarsi il pollice** : *sucer son pouce*.
18. p.p. irrég. du v. **dipingere** ; **un dipinto** : *un tableau*.
19. Rappel **-one** suffixe augmentatif.
20. m. à m. *en hâte* ; v. **affrettarsi** : *se dépêcher*.
21. Cf. *la calvitie*.
22. adv. ou adj. avec le sens de : *très, pas mal (de), nombreux*.
23. v. **dovere** : *devoir* ; subst. **il dovere** (sens moral).

D'altronde anche la città attorno ai loro cinquanta rettangoli era[1] cambiata. A destra e a sinistra si inseguivano quartieri e folle di uomini ignoti, rumori[2] e odori[2] indecifrabili[3], altre giornate da[4] quelle che loro ricordavano. Solo il camioncino era rimasto[5] identico. « Forse è ora[6] di cambiarlo » diceva Ivan. « Con che cosa ? » rispondeva Pietro.

I figli[7] si sposarono uno dopo l'altro, e poi alcuni andarono a vivere in città[8] lontane. Uno si trasferì in America a studiare una materia difficile. Una per[9] un po' fu modella a Milano, quindi impiegata[10]. Furono dei bei matrimoni, tutti ripetevano che erano riusciti bene, che i primi piatti[11] erano eccellenti, che i vestiti erano belli.

Sara e Marianna morirono in un'estate caldissima, a distanza di un mese. Ai funerali Pietro e Ivan si misero[12] gli stessi abiti scuri dei matrimoni[13] dei figli.

Gli ultimi anni lavorarono ancora più sodo[14], senza pensare a niente, senza voler sentire l'artrite o i capogiri[15] in cima alla scala. Srotolavano e passavano la colla, ricoprivano facce[16] abbronzate con altre facce abbronzate, automobili rosse con automobili rosse, attori con attori, carta[17] con carta. Era come girare i fogli[16] del calendario di un pianeta[18] lontano. La domenica delle elezioni[19] andavano a Ostia[20] e stavano seduti su una panchina davanti al mare. Una notte Ivan pensò di scuotere la scala e far cadere Pietro per terra, una notte sola in tutta la sua vita.

---

1. Le verbe **cambiare** intransitif s'emploie avec l'auxiliaire *être*.
2. Les mots terminés en -**ore** sont tous masculins sauf **la folgore**.
3. De **la cifra** : *le chiffre* ; v. **decifrare**.
4. **da** pour indiquer la différence et donc un écart, une distance par rapport au modèle.
5. p.p. irrég. du v. **rimanere = restare**.
6. *heure* dans le sens le plus large de temps : **era ora !**, *il était temps !*
7. Terme générique pour *enfants, progéniture*. Pour préciser le sexe on dira **una femmina**, **un maschio**.
8. △ les mots tronqués (ils portent souvent un accent sur la dernière voyelle) sont invariables.
9. Voir n. 7, p. 16.
10. **impiegato dello Stato** : *fonctionnaire*.
11. Le repas italien traditionnel comporte un **primo piatto** (pâtes ou

D'ailleurs, la ville plantée autour de leurs cinquante panneaux avait elle aussi changé. De tous côtés, s'entassaient des quartiers et des foules d'hommes inconnus, des bruits et des odeurs indéchiffrables, des journées qui n'étaient plus celles qu'ils se rappelaient. Seule leur camionnette était restée la même. « Il serait peut-être temps de la changer », disait Ivan. « Et avec quoi ? » répondait Pietro.

Les enfants se marièrent l'un après l'autre et puis certains d'entre eux allèrent vivre dans des villes lointaines. L'un d'eux alla en Amérique étudier une matière difficile. Une autre fut pendant quelque temps modèle à Milan, puis employée. Ce furent de beaux mariages, tout le monde répétait que la fête était réussie, que les pâtes étaient excellentes et que les toilettes étaient belles.

Sara et Marianna moururent pendant un été torride, à un mois de distance. Aux obsèques, Ivan et Pietro mirent les mêmes costumes sombres qu'ils avaient pour le mariage des enfants.

Les dernières années ils travaillèrent encore plus dur, sans penser à rien, sans vouloir sentir l'arthrite ou les vertiges au sommet de l'échelle. Ils déroulaient, étalaient la colle, recouvraient des visages bronzés avec d'autres visages bronzés, des automobiles rouges avec des automobiles rouges, des acteurs avec des acteurs, du papier avec du papier. C'était comme tourner les feuillets de l'éphéméride d'une planète lointaine. Les dimanches d'élection, ils allaient à Ostie et restaient assis sur un banc face à la mer. Une nuit, Ivan fut pris de l'envie de secouer l'échelle et de faire tomber Pietro, rien qu'une nuit dans toute son existence.

---

    riz), un **secondo piatto** (viande ou poisson avec légumes), la **frutta** (le dessert) ; l'**antipasto** (*hors-d'œuvre*) est rare.
12. p.s. irrég. du v. **mettere** : **misi**, **mettesti**, **mise**, **mettemmo**...
13. Plus synthétique en italien : **gli (stessi) abiti scuri dei matrimoni** ; **il matrimonio**, cf. *matrimonial*.
14. **un uovo sodo**, **una terra soda**.
15. De **capo** : *tête* et **giro** : *tour*.
16. Voir n. 3, p. 34. △ **una foglia d'albero**, **un foglio di carta**.
17. 1. *papier* ; 2. *carte*.
18. Masculin en italien, *Il pianeta azzurro*, un des récents romans de **Luigi Malerba**, romancier contemporain.
19. syn. **votazioni**.
20. Port de Rome à l'époque romaine, site archéologique important, aujourd'hui station balnéaire.

« Poi lo accompagnerei [1] all'ospedale e gli sarei [1] vicino per sempre, gli spingerei [1] la carrozzella [2]. » Pietro invece in una notte di luna piena pensò di segare [3] tutti i pali dei cartelloni : « Li pianterei [1] altrove, ci farei [1] un bosco [4] secco e preciso. »

A sessantacinque anni si ritirarono in pensione [5].

Dopo tre mesi hanno tirato fuori [6] il camioncino dal garage e sono andati a rivedere i loro manifesti, in giro per la sterminata [7] città. In questa notte di mezza primavera c'è una tramontana [8] tesa che incurva [9] i cartelloni come vele [10], e li fa risuonare. Li hanno rivisti tutti. Sono tenuti abbastanza bene, da [11] persone nuove che magari [12] somigliano un poco alle carte colorate e alle parole misteriose che ci sono scritte [13]. « Sono tenuti abbastanza bene » ha detto [14] infatti Pietro. « Insomma » ha detto Ivan stringendosi nel cappotto.

Per [15] ultimo hanno lasciato il cartellone ad Ostia. È confitto in uno spiazzo di terra, di fianco a una casa bassa. È completamente sfondato [7] : incornicia [16] un certo numero di stelle basse sul mare. Dal trave superiore pende un ragazzo magrissimo, la corda al collo, le mani nelle tasche dei pantaloni, i piedi nudi. Indosso ha la maglietta [17] lunga e slambricciata della squadra nazionale di calcio [18], il numero due bianco sulla schiena buia.

Pietro e Ivan rimangono [19] a fissarlo per un minuto, mentre il vento lo fa dondolare lentamente e agita i capelli a lui e a loro.

---

1. Le cond. et le futur d'un v. sont des temps « jumeaux » : soit réguliers tous deux, soit irrég. de la même manière. Voir n. 5, p. 22.
2. De **carrozza** + **-ella** ou **-ina** suff. diminutifs. Se dit aussi pour une voiture d'enfant.
3. **la sega** : *la scie* ; **pesce sega** : *poisson scie* ; **la segatura** : *la sciure*.
4. L'italien a 3 mots pour *bois* quand nous n'en avons qu'un : **il legno** (matière), **la legna** (bois de chauffage), **il bosco** (le lieu).
5. ▲ **pensione** a aussi tous les sens du mot *pension* français.
6. Le v. **uscire** (*sortir*) ne pouvant être employé transitivement on a recours à une périphrase. Id. pour **entrare, salire, scendere.**
7. **s** préf. privatif ; voir n. 12, p. 11 ; **sterminato** : senza termine ; **sfondato** : senza fondo.
8. Vent du nord qui vient entre (**tra**) les montagnes (**monti**) ; **perdere la tramontana**.

« Et puis je l'accompagnerais à l'hôpital et je resterais près de lui, pour toujours, je pousserais son fauteuil roulant. » Quant à Pietro, une nuit de pleine lune, il imagina qu'il sciait tous les poteaux de tous les panneaux : « Je les planterais ailleurs, ça ferait une forêt toute raide et bien alignée. »

À soixante-cinq ans ils prirent leur retraite.

Trois mois plus tard, ils ont sorti leur camionnette du garage et sont allés revoir leurs affiches aux quatre coins de l'immense ville. Cette nuit-là, de mi-printemps, souffle une bise coupante qui gonfle les panneaux comme des voiles et les fait vibrer. Ils les ont tous vus. Ils sont assez bien tenus par des nouveaux qui, si ça se trouve, ressemblent un peu aux images colorées et aux mots mystérieux qui y sont écrits. « Ils sont assez bien tenus », a dit en effet Pietro. « Pas mal », a dit Ivan en se serrant dans son manteau.

Ils ont gardé pour la fin le panneau d'Ostie. Il est planté sur un terre-plein à côté d'une maison basse. Il est complètement défoncé. Il encadre un certain nombre d'étoiles basses au-dessus de la mer. À la poutrelle supérieure est pendu un garçon très maigre, la corde autour du cou, les mains dans les poches de son pantalon, les pieds nus. Il porte le long maillot flottant de l'équipe nationale de football, le numéro deux en blanc sur son dos sombre.

Pietro et Ivan restent à le regarder fixement pendant un court instant, tandis que le vent le balance doucement et ébouriffe ses cheveux et les leurs.

---

9. De **curvo** : *courbe* ; **Pietro s'era fatto un po' curvo**, plus haut.
10. **la vela** : *la voile* ; **il velo** : le voile.
11. Voir n. 12, p. 13.
12. Un des mots casse-tête pour le traducteur car il veut dire tant de choses ! : *si ça se trouve, peut-être, si jamais, même si, si ça pouvait être vrai !*
13. p.p. irrég. du v. **scrivere** ; **una scritta** : *inscription, graffiti.*
14. p.p. irrég. du v. **dire** (conjugué sur **dicere**).
15. ⚠ **Paolo è arrivato per primo ed è uscito per ultimo** : *le premier, le dernier.*
16. De **la cornice** : *le cadre* (d'un tableau).
17. De **maglia** (*maille*) + **-etta** suff. diminutif ; **la maglia** : *pull-over.*
18. *coup de pied* et de là *football* ; la première passion des Italiens.
19. v. **rimanere** irrég. présent 1re et 6e pers. : **rimango, rimangono**.

Pietro mormora : « Lo stacchiamo[1] ? », ma la voce non arriva neanche[2] alle sue orecchie[3]. Ivan abbassa gli occhi, guarda una busta di plastica che s'allontana a colpi di vento. Poi riaccendono il camioncino e forse vanno a[4] chiamare la polizia, o se ne tornano a casa a dormire, subito.

---

5. Correspond à la note 1 p. 20.
Exemples : v. réguliers   : **pianterò, pianterei**
           v. semi-contractés : **vedrò, vedrei, avrò, avrei**
           v. contractés   : **vorrò, vorrei (volere)**
           v. irréguliers   : **sarò, sarei**

---

1. **staccare** ou **distaccare** ≠ **attaccare**.
2. syn. **nemmeno** que nous avons vu plus haut, et aussi **neppure**.
3. **l'orecchio** a deux pluriels : **le orecchie** (de préférence pour l'homme) : **gli orecchi** (plutôt sens figuré).
4. Les verbes de mouvement sont toujours suivis de la préposition **a** quand ils précèdent un infinitif. Nous avons vu dans les pages précédentes : **andarono a vivere** ; **si trasferì a studiare** ; **sono andati a rivedere** et, ci-dessous, **se ne tornano a dormire**.

Pietro mormora : « On le détache ? », mais sa voix n'arrive même pas jusqu'à son oreille. Ivan baisse les yeux, regarde un sac de plastique qui s'éloigne, poussé par le vent. Puis ils redémarrent et peut-être vont-ils appeler la police ou bien rentrer chez eux pour dormir, tout de suite.

---

6. Renvoi à la note 13 p. 11.

Sans doute l'une des figures les plus populaires d'Italie. Sa célébrité est liée à la fameuse Expédition des Mille de 1860 quand, avec ses Chemises rouges, il débarqua en Sicile pour libérer le Sud de la domination des Bourbons et favoriser son rattachement au royaume de Piémont-Sardaigne de Victor-Emamnuel II qui accomplira l'Unité italienne. Épisode évoqué dans le roman de **Tomasi di Lampedusa**, *Le guépard*, et le film que Visconti en a tiré.

• Nous signalons quelques romans qui retracent l'épopée de la Résistance à l'époque du fascisme et de la Seconde Guerre mondiale : **Alcidc Cervi**, *Mes sept fils* (***I miei sette figli***), éd. Français Réunis, 1956 ; **Italo Calvino**, *Le sentiero des nids d'araignées* (***Il sentiero dei nidi di ragno***), Juillard, 1978 ; **Renata Viganò**, *Agnès va mourir* (***L'Agnese va a morire***), éd. Français Réunis, 1953 ; **Beppe Fenoglio**, *La guerre sur les collines* (***Il partigiano Jobny***), Gallimard, 1973 ; **Carlo Cassola**, *La ragazza* (***La ragazza di Bube***), Livre de poche, 1970.

Maelda
Maelda
(1990)

Elle a vécu à Naples et vit actuellement à Rome. À ses articles de critique d'art elle a très tôt ajouté des récits et des enquêtes publiés dans des revues, parmi lesquelles un essai assez peu orthodoxe sur La langue maternelle (langue de la nourrice), pour des éditions féministes, en 1978.

Son premier succès lui vint en 1985 d'un roman qui lui inspira de la vie de sainte Thérèse. La première partie (La fin de la bataille) puis L'autre amante en 1990. Sa langue est charnelle et vigoureuse. Elle devra bien pourtant trouver sa place dans la lignée des femmes écrivains italiennes : Anna Maria Ortese, Natalia Ginzburg, Elsa Morante, Dacia Maraini, Orierta Bompiani... sans pour cela oublier que « écriture féminine » « a longtemps été une expression péjorative.

Elisabetta RASY
(née en 1947)

Matelda
Matelda
(1990)

Elle a vécu à Naples et vit actuellement à Rome.

À ses articles de critique d'art elle a très tôt ajouté des récits et des enquêtes publiés dans des revues, parmi lesquels un essai assez peu orthodoxe sur La lingua della nutrice (*La langue de la nourrice*), pour des éditions féministes, en 1978.

Son premier succès lui vint en 1985 d'un singulier roman inspiré de la vie de sainte Thérèse, La prima estasi (*La première extase*). En 1988 elle publie Il finale della battaglia (*La fin de la bataille*) puis L'altra amante en 1990.

Sa langue est charnelle et vigoureuse. Elisabetta Rasy pourrait trouver sa place dans la lignée des femmes écrivains italiennes : Anna Maria Ortese, Natalia Ginzburg, Elsa Morante, Dacia Maraini, Ginevra Bompiani... qui ont fait oublier que « écriture féminine » a longtemps été une expression péjorative.

[Il sole del primo mattino entra nella stanza. È una stanza da [1] studente, arredata [2] sobriamente. Scaffali con libri alle pareti [3], in un angolo un bastone da sartoria [4] con i vestiti appesi [5] : pantaloni, tute [6], ma anche gonne a fiori e camicette [7] colorate. In un cesto, dei pullover ammucchiati [8]. Su una panchetta di paglia e legno appoggiata [9] a una parete un singolare defilé di vecchie bambole, qualcuna in buone condizioni, qualcuna con un occhio mancante e il vestito o i capelli sfilacciati [9], che guardano compunte nel vuoto.

In un angolo, direttamente illuminata dal sole che entra dalla finestra, una scrivania con una doppia pila di libri e quaderni pronti per essere portati [9] a scuola. In cima alla pila dei quaderni su una targhetta si legge : Matelda, II liceo. In cima alla pila dei libri c'è il *Purgatorio* di Dante [10].

La sveglia [11] indica che mancano pochi minuti alle sette.

Nella stanza dove tutto è immobile, penetra dalla porta chiusa [12] il frastuono di due voci alterate [9] che s'incrociano [13] e si scontrano con violenza. Una voce maschile e una voce femminile. A volte sono vere e proprie urla [14], oppure colpi di porte sbattute [15] o di oggetti scagliati per terra a rompere il silenzio della stanza di Matelda. La ragazza, perfettamente supina [16] nel letto, le coperte tirate innaturalmente, rigidamente, fin sotto il mento, immobile, tiene [17] gli occhi spalancati [9] verso il soffitto. Quasi non sembra respirare.]

---

1. Voir n. 11, p. 11.
2. De **arredo**, *ornement d'église*, d'où *meuble* ; v. **arredare** ; **arredamento** : *ameublement*.
3. L'italien n'emploie **muro** que pour le *mur* extérieur.
4. m. à m. *bâton d'atelier de couture* ; **sarta** : *couturière* ; **sarto** : *tailleur*. Le suff. **-ìa** indique souvent le lieu où l'on vend (ou confectionne) : **tabaccheria**, **merceria**, **farmacia**...
5. p.p. irrég. du v. **appendere** et composés **pendere**, **sospendere**...
6. **la tuta** : *combinaison*, *bleu de travail*, *collant de danseuse*... (vêtement d'une seule pièce).
7. **la camicia** (*chemise*) + **-etta**, suffixe diminutif.
8. De **mucchio** : *tas, amoncellement*.
9. **-ato**, p.p. régulier des v. en **-are**.
10. **Dante Alighieri** (1265-1321), écrivain florentin de notoriété universelle. Sa plus grande œuvre est la ***Divina Commedia***, récit

Le soleil du matin naissant entre dans la chambre. C'est une chambre d'étudiant, meublée sobrement. Etagères avec des livres le long des murs, dans un coin un portant avec des vêtements accrochés : pantalons, survêtements, mais aussi jupes à fleurs et chemisiers bariolés. Dans une corbeille, des pull-overs entassés. Sur une banquette paillée adossée à un mur, un étrange défilé de vieilles poupées, les unes valides, d'autres avec un œil en moins et une robe ou des cheveux effilochés qui regardent tristement dans le vide.

Dans un angle, éclairé directement par le soleil qui entre par la fenêtre, un bureau avec une double pile de livres et de cahiers prêts à être emportés en classe. Sur l'étiquette du dernier cahier de la pile on lit : Matelda, classe de première. Le dernier livre de la pile est le *Purgatoire* de Dante.

Le réveil indique que dans quelques minutes il sera sept heures.

Dans la chambre où tout est immobile, pénètre au travers de la porte fermée la clameur de deux voix irritées qui se croisent et s'affrontent violemment. Une voix masculine et une voix féminine. Par moments, ce sont de véritables hurlements ou des bruits de portes claquées ou d'objets jetés à terre qui viennent rompre le silence de la chambre de Matelda. Dans son lit, couchée de tout son long sur le dos, les couvertures tirées jusque sous le menton de la façon la plus raide et la moins naturelle qui soit, immobile, la jeune fille fixe le plafond de ses yeux grands ouverts. Elle semble à peine respirer.

---

d'un voyage imaginaire dans l'Enfer, le Purgatoire et le Paradis. Une des premières grandes œuvres écrites en langue vulgaire, à la fois politique, philosophique et religieuse.
11. Du v. **svegliare. La mattina mi sveglio alle sette.**
12. p.p. irrég. du v. **chiudere ≠ aprire**.
13. De **croce** : *croix* ; v. **incrociare** ; **incrocio** : *croisement*.
14. △ pluriel irrég. ; certains mots sont masc. au sing. et fém. au pluriel avec une terminaison en **-a** (survivance du pl. neutre latin : *templum, templa*) : **il braccio, le braccia** ; **l'uovo, le uova** et ainsi : (**sopra**)**ciglio, ginocchio, dito, labbro, urlo, grido, lenzuolo**...
15. **-uto** p.p. régulier des v. en **-ere**.
16. ≠ **bocconi**.
17. v. **tenere** irrég. du présent : **tengo, tieni, tiene, teniamo, tenete, tengono**.

27

Non è facile capire se sta cercando[1] di ascoltare, e di dare un senso a quelle voci scomposte[2] che le arrivano, oppure se, al contrario, la sua immobilità non sia[3] uno sforzo per cancellarle, per annullarle.

La sveglia suona le sette. Matelda, con[4] un movimento lievemente[5] sonnambolico, è rapidamente fuori dal[6] letto. È una ragazza alta, dal[7] corpo atletico, un androgino dai[7] lunghi capelli. Mentre Matelda, che si muove come se fosse[8] sola nella casa, e non sentisse[8] né vedesse[8] nulla, si prepara per andare a scuola, le voci cominciano a precisarsi in un dialogo spezzato. Durante i tragitti che la ragazza compie nell'appartamento, tra il bagno e la cucina — ne esce[9] con un bicchiere di latte e biscotti al cioccolato — le fisionomie dei due contendenti verbali, pur senza prendere corpo, si vanno chiarendo[10]. Matelda passa accanto allo studio[11] del padre : su un angolo di scrivania[11] che la porta socchiusa lascia intravedere, ci sono accanto alla macchina da[12] scrivere un fascio di quotidiani e un volume di attualità politica di recente pubblicazione a firma di un noto e gigionesco[13] giornalista. I genitori evidentemente non stanno litigando[1] nello studio. Non sono neanche nella loro camera da letto, dove la porta aperta[14] inquadra preziosi indumenti[15] femminili gettati su una poltrona, e un libro appena uscito[16] sulla psicologia amorosa, un best seller stupido e rassicurante.

Matelda attraversa la casa come un'equilibrista sulla fune[17], con il vassoio della colazione su una mano. Non guarda attorno a sé[18], sembra non sentire, ma forzatamente sente.

---

1. Pour rendre l'expr. idiomatique française : *être en train de*, l'italien emploie le v. **stare** suivi du gérondif (cf. forme fréquentative en anglais).
2. De **composto** : *ordonné, sage* ; **s-** préf. privatif.
3. Emploi du subj. chaque fois qu'il y a incertitude (**non è facile capire se...**) ; subj. de **essere** : **sia, sia, sia, siamo, siate, siano**.
4. Le compl. de manière est toujours précédé de **con** ; voir pp. 32-33, **con un passo incantato** ; **uomini con lo sguardo perso**.
5. Plus recherché que son syn. **leggermente**.
6. *hors de* : toujours sens d'éloignement, de distance.
7. Nouveau sens de **da** : le détail caractéristique. **La ragazza dalle braccia nude e dalle dita sottili**.
8. Après **come se** il faut employer l'imparfait du subj.
9. v. **uscire** irrég. au prés. : **esco, esci, esce, usciamo, uscite, escono**.

Il est difficile de savoir si elle essaie d'écouter et de donner un sens à ces voix désordonnées qui lui parviennent ou bien si, au contraire, son immobilité constitue un effort pour les effacer, les annuler.

Le réveil sonne sept heures. Matelda, d'un mouvement quelque peu somnambulique, sort aussitôt de son lit. C'est une grande fille au corps athlétique, une androgyne aux longs cheveux. Tandis que Matelda qui va et vient comme si elle était seule dans la maison, comme si elle n'entendait et ne voyait rien, se prépare pour aller au lycée, les voix commencent à se préciser en un dialogue heurté. Pendant qu'elle se déplace dans l'appartement entre la salle de bains et la cuisine — d'où elle sort avec un verre de lait et des biscuits au chocolat — les physionomies des deux adversaires verbaux se précisent sans pour autant prendre corps. Matelda passe près du bureau de son père : sur un coin de la table de travail que la porte entrouverte permet d'apercevoir, il y a près de la machine à écrire une pile de quotidiens et un ouvrage récent sur l'actualité politique, signé d'un journaliste connu, cabotin notoire. À l'évidence, les parents ne se disputent pas dans le bureau. Ils ne sont pas non plus dans leur chambre où l'ouverture de la porte encadre d'élégants sous-vêtements féminins jetés sur un fauteuil ainsi qu'un livre récemment paru sur la psychologie amoureuse, un best-seller stupide et rassurant.

Matelda traverse la maison comme une équilibriste sur son fil, le plateau de son petit déjeuner sur une main. Elle ne regarde pas autour d'elle, elle semble ne pas entendre, mais forcément elle entend.

---

10. m. à m. *vont en s'éclaircissant*.
11. L'italien à deux mots pour *bureau* : 1. **scrivania** (meuble) ; 2. **studio**, **ufficio** (pièce).
12. Encore un sens de *da* : la destination, l'usage ; **una tazza da caffè**.
13. adj. dérivé de **Gigione**, nom d'un personnage créé par un acteur comique.
14. p.p. irrég. du v. **aprire**.
15. *vêtements* en général (à l'origine habit sacré) ; **indumenti intimi** : *lingerie*, comme ce doit être le cas ici.
16. -**ito** p.p. régulier des v. en -**ire**.
17. Cf. *funambule*.
18. Pronom **sé** quand l'action se rapporte au sujet, même défini. **Un egoista pensa solo a sé**.
    ⚠ ne pas confondre **se** : *si* et **sé** : *soi*.

Matelda non vuole[1] sapere, ma sa cosa sta succedendo[2], e dall'[3] intreccio delle voci duellanti, dalle[3] telefonate che arrivano, la storia si capisce[4]. La nonna di Matelda sta morendo. È vecchia, e la morte era attesa[5] da molto tempo. Soprattutto dal padre di Matelda, figlio della vecchia moribonda, che ora[6] in telefonate[7] concitate parla con la clinica dove la madre è ricoverata[8]. Il padre se ne andrà di casa, giura, non appena la vecchia sarà seppellita. Ha aspettato troppo, urla[9]. Una vicenda di denaro, moralismo, ipocrisia e risentimento prende brutalmente corpo dalle[3] parole e dagli[3] insulti che marito e moglie si scambiano. La moglie replica sciorinando con astio luoghi comuni recriminatori, patetici[10] e sciocchi[10] insieme. La loro vicenda, come i loro corpi rissosi[11] e violenti acquattati negli angoli confortevoli della casa elegante, si perde nel frastuono sempre più forte. Le loro voci portano in scena i demoni della desolazione e del rancore[12].

Matelda è ora[6] in camera sua, vestita, pronta[13] per la scuola, e guarda i libri e i quaderni sulla scrivania. Li guarda a lungo[14], perplessa, immobile. Poi prende il secondo volume della *Divina Commedia*, ed esce. In lontananza gruppi di ragazzi entrano in una scuola. Matelda li guarda — lo sguardo è sempre assorto in qualcosa che non è né di quel luogo né di quel tempo — e poi si rimette in cammino. Il rumore[12] del traffico per strada è assordante come a casa le voci dei genitori. Un rumore pervasivo, paralizzante, nel quale Matelda sembra aver perso[15] per sempre la parola.

---

1. Voir n. 20, p. 15.
2. Le v. **arrivare** ne peut s'employer qu'au sens propre. Pour le sens figuré : **succedere, accadere, avvenire, capitare. Il padre è arrivato a casa mentre succedeva quel fatto.** Voir aussi n. 1, p. 28.
3. *à partir de...* toujours le sens de distance.
4. De nombreux v. en **-ire** se conjuguent sur ce modèle : **capisco, capisci, capisce, capiamo, capite, capiscono** (introduction de la particule **-isc** à quatre personnes).
5. p.p. irrég. du v. **attendere** ; p.s. **attesi, attendesti, attese...**
6. Autre sens de **ora** : *maintenant.* Nous avons déjà vu son syn. **adesso.**
7. **-ata** suff. indiquant le contenu, la durée de... et donc un coup de... **boccata** : *bouffée*, **bracciata** : *brassée*, **pedata** : *coup de pied*, **bastonata** : *coup de bâton*, **giornata, serata,** *journée, soirée...*
8. De **il ricovero** : *l'abri, le refuge.*

Matelda ne veut pas savoir, et pourtant elle sait ce qui se passe ; les voix enchevêtrées des deux duellistes et les coups de téléphone qui arrivent permettent de reconstituer l'histoire. La grand-mère de Matelda est en train de mourir. Elle est vieille et on attendait sa mort depuis longtemps. En particulier le père de Matelda, le fils de la vieille moribonde, qui en ce moment téléphone sur un ton haletant à la clinique où sa mère est hospitalisée. Le père quittera la maison, il le jure, dès que la vieille sera enterrée. Il n'a que trop attendu, hurle-t-il. Une sombre histoire d'argent, de moralisme, d'hypocrisie et de ressentiment prend corps soudain à travers les mots et les insultes qu'échangent mari et femme. Cette dernière réplique en déballant avec hargne des lieux communs tout à la fois récriminatoires, pathétiques et stupides. Leur histoire, tout comme leurs corps furieux et violents, aux aguets dans quelque recoin confortable de cette demeure élégante, se perd dans un vacarme toujours plus fort. Leurs voix font surgir, comme sur la scène d'un théâtre, les démons de la désolation et de la rancœur.

À présent Matelda est dans sa chambre, habillée, prête à se rendre au lycée et elle regarde les livres et les cahiers sur son bureau. Elle les regarde longuement, perplexe, immobile. Puis elle prend le second volume de la *Divine Comédie* et sort. Là-bas, des groupes d'enfants entrent dans une école. Matelda les regarde — mais d'un regard encore absorbé dans quelque chose qui n'appartient ni à ce lieu ni à ce temps — puis elle se remet en chemin. Le bruit de la circulation dans la rue est assourdissant comme l'étaient les voix de ses parents à la maison. Un bruit pénétrant, paralysant, où Matelda semble avoir à tout jamais perdu la parole.

---

9. ⚠ ne pas confondre **le urla** (subst. pluriel irrég.) voir n. 14 p. 27, et **urla** 3ᵉ pers. présent du v. **urlare**.

10. Les mots terminés en **-co** et **-go** font leur pluriel en **-chi** et **-ghi** (**sciocco, sciocchi**) sauf : 1. les mots **sdruccioli** (accent sur l'anté-pénultième) (**patetico, patetici**) ; 2. 4 mots **piani** : **amico, nemico, porco, greco** qui font **-ci**. Compter pourtant bien des exceptions à cette règle.

11. De **rissa** : *rixe* + suff. **-oso**. Souvent **ss** correspond au **x** français : **lusso, sesso, asse, perplesso, tassa**...

12. Rappel : les mots en **-ore** sont masc. sauf **la folgore**.

13. Au téléphone **Pronto !** = *Allo !* est le raccourci de l'expression : **sono pronto ad ascoltare**, *je suis prêt à écouter*.

14. syn. **lungamente**.

15. Le v. **perdere** a deux p.p. : **perduto** (rég.) et **perso** (irrég.), cf. **vedere** : **veduto** et **visto**.

Con un passo incantato [1], ora davvero da agile sonnambula, velocemente è arrivata in un parco. Un vecchio parco della città : residui di natura — piccoli relitti [2] di antichi boschi, prati molto [3] folti a tratti — e residui di storia — statue, ma soprattutto vecchie fontane al centro di piccoli spiazzi di terra battuta a cui si arriva da sentieri che attraversano i prati, circondate da antichi muretti o da panche di pietra — si alternano agli occhi di Matelda. A un primo [4] sguardo il giardino sembra deserto. Ma mentre lo attraversa, e lentamente si decontrae [5], Matelda ha alcune visioni. In effetti, le creature che incontra sembrano materializzarsi dal nulla, apparizioni, figure generate [6] dal parco. Scivolano per i vialetti vecchi solitari e assorti, uomini [7] con lo sguardo perso nel vuoto, o balbettanti, vecchie apprensive con il cane, vecchie maternamente nutritive con i gatti — alcune tribù [8] — del parco, vecchie misteriose barbone [9], cariche di magiche buste di plastica che portano il peso del mondo. C'è [10] poi qualche giovane ginnasta, un ragazzo che fa esercizi a torso nudo, altri che corrono. Ci sono [10] due guardie a cavallo in giro d'ispezione, stralunate [11] e inspiegabili nelle loro impettite [12] divise. C'è [10] insomma l'esigua popolazione marginale e silenziosa, miracolosamente improduttiva, che si incontra [13] alle otto e mezzo di mattina oggi in un parco di una grande città. Dove i parchi, soprattutto se il clima è mite, accolgono [14] i derelitti felici. Il rumore, che ha assordato Matelda fin dal risveglio, si fa sempre più lontano. Nel giardino c'è *quell'aura senza tempo tinta* [15] che Matelda studia [16] sui libri di scuola.

---

1. De **incanto** : *enchantement* au sens fort ; *bonjour, enchanté (de vous connaître)* : **buongiorno, molto lieto** ou **piacere (di conoscerla)**.
2. Mot rare. Même origine et plus usité, **derelitto**, *plus loin*.
3. Comme **tanto** et **poco** déjà vus, **molto** est soit adj. et s'accorde, soit adverbe invar. **Vedeva molte donne molto vecchie**.
4. **primo, secondo, terzo, quarto, quinto, sesto, settimo, ottavo, nono, decimo** ; pour la suite on ajoute le suff. **-esimo** au nombre.
5. Voir n. 2, p. 34.
6. v. **generare** : *engendrer* d'où **i genitori**, *les géniteurs* pour indiquer *les parents, père et mère*.
7. Trois mots ont un plur. irrég. unique : **l'uomo, gli uomini** ; **il bue, i buoi** ; **il dio, gli dei**.
8. Rappel : les mots tronqués sont invariables.
9. De **barba** ; réservé aux hommes, s'est étendu à la catégorie.

D'un pas mécanique, qui cette fois est vraiment celui d'une agile somnambule, elle arrive bientôt à un parc. Un vieux parc de la ville : des résidus de nature — petits lambeaux d'anciens bois, prés à l'herbe drue par endroits — et des résidus d'histoire — statues, mais surtout vieilles fontaines au milieu de petits espaces de terre battue auxquels on accède par des sentiers qui coupent à travers prés, entourés de murets anciens ou de bancs de pierre — défilent devant les yeux de Matelda. À première vue, le jardin semble désert. Mais tandis qu'elle le traverse et lentement se détend, Matelda a des visions. En effet, les êtres qu'elle rencontre semblent surgir du néant comme des apparitions, des figures que le parc engendre. Le long des allées glissent des vieillards solitaires et absorbés, des hommes au regard perdu dans le vague ou balbutiants, de vieilles femmes craintives avec leur chien, d'autres qui viennent maternellement nourrir les chats du parc — de véritables tribus —, vieilles et mystérieuses clochardes chargées de magiques sacs de plastique qui portent le poids de l'univers. Plus loin, quelques jeunes sportifs, un garçon qui fait des exercices torse nu, d'autres qui courent. Puis deux gardes à cheval en tournée d'inspection, hébétés et énigmatiques, sanglés dans leur uniforme. Autrement dit, cette minuscule humanité marginale et silencieuse, miraculeusement improductive, que l'on rencontre de nos jours à huit heures et demie du matin dans un parc de grande ville. Là où les parcs, surtout si le climat est clément, accueillent les êtres heureux dans leur déréliction. Le bruit qui a assourdi Matelda depuis son réveil continue à s'éloigner. Dans le jardin règne *cet air merveilleusement sombre* que Matelda étudie dans ses livres de classe.

---

10. △ le *il y a* français se rend par l'expression **c'è** (**ci è** = *y est*) où le v. être se conjugue et s'accorde : **c'è una vecchia, ci sono tre uomini, c'erano pochi ginnasti, ci fu anche una guardia.**

11. De **luna** ; *les yeux hagards comme les lunatiques.*

12. De **petto** : *poitrine* ; qui bombe le torse, se rengorge.

13. L'italien a plusieurs équivalents pour le *on* français. La plus courante est celle du v. employé à la forme réfléchie qui s'accorde avec le sujet. **Si incontrano tribù di gatti.**

14. v. (**ac**) (**rac**)**cogliere** irrég. au présent : **colgo, cogli, coglie, cogliamo, cogliete, colgono.**

15. Citation de Dante, *Enfer*, chant 3, vers 29 (trad. André Pézard).

16. v. **studiare** (travail intellectuel) ; **lavorare** (manuel). **Se mio figlio non vuole studiare, lo mando a lavorare.**

33

Improvvisamente qualcosa[1] attrae[2] l'attenzione della ragazza. È un brusìo[3] di foglie, un cigolìo[3] di sottili legni spezzati, dei tonfi sordi. Il suo sguardo si anima mentre[4] vede cespugli[3] che viaggiano verso una sorta di piramide sacrificale di foglie[3] e vecchi[3] rami, in una valletta appartata[5]. Matelda è attratta[2] da quella parte[5], e ora che è vicina le si[6] rivela il sacerdote di quell'olocausto vegetale.

[È un piccolo giardiniere comunale di una giovanile età[7] indefinibile, che si addossa e trascina arbusti e fogliame[8] con energia, ma senza violenza. Svolge quel lavoro in assoluta concentrazione e in assoluta solitudine. Non canta, non sbuffa, è insensibile ai tonfi, in una successione dei quali la piramide cresce. Non si accorge[9] che Matelda si sta avvicinando, malgrado lei scendendo verso la valletta smuova[10] cespugli e foglie a sua volta[11]. Ma quando Matelda si ferma e, immobile, lo guarda, il piccolo giardiniere improvvisamente si volta[11]. Ha un viso infantile e scuro, come un ragazzo poco cresciuto di un'isola mediterranea[12]. Non dice[13] una parola, e la guarda a lungo.

Per la prima volta dal momento del suo risveglio Matelda cerca di comunicare, disserra le labbra e sembra apprestarsi a salutare il giardiniere. Ma lo sguardo del ragazzo l'arresta : lui la sta guardando vorace e vagamente impaurito insieme. Matelda non si scoraggia[14], e prova a sorridergli come se fosse sul punto d'informarsi sul lavoro che l'uomo sta facendo, la logica secondo la quale certe foglie vengono tagliate[15] e altre no, che fine faranno gli arbusti ammassati, comme si cura un giardino grande e vario come quello...]

---

1. Contraction de **qualche cosa**. Id. pour **qualcuno**.
2. Le v. **trarre** : *tirer, tracter* et tous les composés sur *-traire*, se conjuguent sur l'infinitif latin *traere*. Irrég. au présent : **traggo, trai, trae, traiamo, traete, traggono** ; p.p. irrég. **tratto**.
3. Les mots terminés en **-io** font leur pluriel en **-i** ; les mots terminés en **-ìo** font leur pluriel en **-ii** : **vecchio, vecchi** ; **il brusìo, i brusii**. Id. pour **-ia** et **-ìa** (**foglia** garde son **i** pour des raisons euphoniques évidentes). Ce suff. **-io** caractérise les termes de bruit : cf. **mormorio, fruscio**...
4. △ **mentre** = *tandis que*.
5. De **parte** : *partie* d'où *côté* ; **mettere da parte** : *mettre de côté*.
6. Les pronoms personnels se placent devant le pron. réfléchi.
7. △ **età** est féminin : **alla sua età non può più viaggiare**.

Soudain quelque chose attire l'attention de la jeune fille. C'est un bruissement de feuilles, un crépitement de petites branches cassées, des craquements sourds. Son regard s'anime en voyant des buissons qui s'avancent vers une sorte de pyramide sacrificielle de feuilles et de branches mortes, dans un petit vallon écarté. Matelda est attirée vers ce lieu et maintenant qu'elle est proche elle découvre le ministre de cet holocauste végétal.

Il s'agit d'un petit jardinier communal, d'un âge juvénile mais indéfinissable, qui charge sur son dos et traîne des arbustes et des branchages, énergiquement mais sans violence. Il exécute ce travail avec une concentration totale, dans une solitude totale. Pas un chant, pas un soupir ; insensible aux craquements qui se succèdent et font grossir la pyramide. Il ne s'aperçoit pas que Matelda approche, bien qu'en dévalant la pente elle fasse bouger à son tour les branches et les feuilles. Mais quand Matelda s'arrête et le regarde, immobile, le petit jardinier brusquement se retourne. Il a un visage enfantin au teint basané, comme un gamin de quelque île méditerranéenne qui aurait mal grandi. Il ne dit pas un mot et la regarde longuement.

Pour la première fois depuis qu'elle s'est réveillée, Matelda cherche à communiquer, elle desserre les lèvres et semble s'apprêter à saluer le jardinier. Mais le regard du jeune garçon l'arrête : il la regarde, tout à la fois avec voracité et une vague crainte. Matelda ne se décourage pas et essaie de lui sourire comme si elle se proposait de l'interroger sur le travail qu'il accomplit, sur la logique qui veut qu'on coupe certaines feuilles et pas d'autres, sur ce qu'il adviendra des arbustes entassés, sur la manière dont on soigne un jardin aussi vaste et aussi varié que celui-ci...

---

8. **-ame** suff. indiquant un ensemble : **bestiame**, *bétail* ; **pollame**, *volaille* ; **vasellame**, *vaisselle*.

9. △ **accorgersi** : *s'apercevoir* ; **scorgere** : *apercevoir*.

10. **malgrado** (che)... **lei smuova** : le **che** est sous-entendu + subj.

11. **volta** : 1. *fois* : **c'era una volta** ; 2. *tour*, comme ici ; tous deux dérivés du v. **voltare(si)**, (*se*) *tourner* ; **una volta** : *autrefois*.

12. En effet, les Sardes surtout, sont souvent de petite taille.

13. v. **dire** se conjugue sur **dicere** : **dico, dici, dice, diciamo, dite, dicono** ; **diceria** : *raconter, on-dit*.

14. ≠ **incoraggiare** ; de **il coraggio**.

15. Les v. **venire** et **andare** remplacent parfois l'aux. *être* ; 1. action subie : **in famiglia viene chiamata Titi** (on l'appelle) ; 2. sens d'obligation : **la pasta va mangiata calda** (on doit la manger).

Prima che abbia potuto aprire bocca, il giardiniere si è rimesso[1] a lavorare. Matelda non vuole perdere quell'occasione. Si avvicina[4] ancora, ma l'uomo continua a lavorare. Inspiegabilmente[2] Matelda, incline al silenzio — a casa — e alla fuga — da scuola — insiste[3] ad avvicinarsi[4]. L'uomo stavolta[5] si gira di nuovo a[6] guardarla, poi accosta le mani al viso e con gesti incredibilmente rapidi le spiega. È sordomuto. Mentre Matelda lo guarda assorta, il giardiniere le sorride. Ora, come il personaggio di una vecchia comica, le illustra il suo lavoro, rispondendo alle domande che Matelda non ha avuto modo[7] di fare. È un gioco e un sortilegio : Matelda non vuole lasciare la valletta e il suo operoso abitante. Posa per terra il libro che ha con sé[8], e prova[3] ad aiutarlo, ma i rami e le foglie la sporcano[9] di terra. Il ragazzo si avvicina[4] e soffia sul pullover impolverato[10]. Matelda ricomincia il lavoro, ma è incerta e maldestra[11], quasi ipnotizzata dai buffi gesti veloci e precisi del suo partner, che non sembra impacciato dalla sua presenza. Ogni tanto il giovane sordomuto si volta e le lancia un rapido sguardo, senza sorridere. È un dialogo inspiegabile e stretto quello che li lega, fino a che tra i due si stabilisce[12] anche nei movimenti un imprevisto affiatamento[13]...

Ora Matelda sta camminando sui prati, di nuovo sola. Si guarda intorno[14] in cerca[15] di qualcosa, mentre il popolo del giardino prosegue le sue improduttive attività.

---

1. p.p. irrég. du v. (**ri)mettere**.
2. Décomposons ce mot : **piegare** : *plier*, **spiegare** : *déplier*, *expliquer*, **in-** préf. privatif, **-ile** suff. adj., **-mente** suff. adv.
3. △ à la proposition avec laquelle se construit le verbe.
4. De **vicino** : *voisin, proche*.
5. Contraction de **questa volta** ; id. pour **stasera, stamattina**.
6. v. de mouvement (**si gira**) suivi de **a** + infinitif.
7. *manière, façon, moyen*.
8. Voir n. 18, p. 29.
9. **sporco** (de **porco**) ≠ **pulito** ; **sporcare** ≠ **pulire**.
10. De **polvere** : *poussière* ; **un aspirapolvere**.
11. De **destro** : *droit, habile* ; syn. **malabile**.
12. v. **stabilire**, se conjugue comme **capire, finire**...

Avant qu'elle ait pu ouvrir la bouche, le jardinier s'est remis au travail. Matelda ne veut pas perdre une telle occasion. Elle s'approche encore, mais l'homme continue à travailler. Étrangement, Matelda si encline au silence, chez elle, et à la fuite, du lycée, s'obstine à s'approcher. L'homme alors se tourne à nouveau vers elle puis il porte les mains vers son visage et par des gestes étonnamment rapides lui explique. Il est sourd-muet. Tandis que Matelda le regarde d'un air absorbé, le jardinier lui sourit. À présent, comme un personnage de vieux film comique, il lui mime son travail, répondant aux questions que Matelda n'a pas pu lui poser. C'est un jeu et un enchantement : Matelda ne veut pas quitter le vallon et son laborieux habitant. Elle pose à terre le livre qu'elle portait et essaie de l'aider, mais les branches et les feuilles la salissent. Le jeune garçon s'approche et souffle sur le pull-over maculé de terre. Matelda reprend son ouvrage, mais elle est indécise et maladroite, comme hypnotisée par les drôles de gestes, rapides et précis, de son partenaire qui ne semble nullement gêné par sa présence. De temps à autre, le jeune sourd-muet se retourne et lui lance un rapide regard, sans sourire. C'est un dialogue étrange et serré qui les relie l'un à l'autre jusqu'à ce que leurs mouvements eux aussi finissent inopinément par s'accorder...

À présent Matelda marche sur les pelouses, à nouveau seule. Elle regarde autour d'elle en quête de quelque chose, tandis que le peuple du jardin poursuit ses improductives activités.

---

13. De **fiato** : *souffle* ; l'entente comme deux souffles au même rythme ; **strumento a fiato** : *instrument à vent*.
14. Souvent l'italien remplace le pron. complément par le pronom réfléchi : **si mette il bambino vicino**, *il met l'enfant près de lui*. Id. pour le possessif : **si infila le scarpe**, **si mette il pullover**.
15. v. **cercare**. Proverbe : **cercare il pelo nell'uovo** : *chercher la petite bête* ; *midi à quatorze heures*.

• **Rappel grammatical :**

		sing.	plur.
pron. complément d'objet direct	masc.	**lo**	**li**
	fém.	**la**	**le**
pron. complément d'objet indirect	masc.	**gli**	**loro**
	fém.	**le**	**loro**

Dopo un attimo di riflessione[1] si incammina[2], come seguendo una precisa direzione. È arrivata a una vecchia fontana di pietra grigia, dall'acqua chiara[3] e limpida. Con aria soddisfatta[4] apre il libro che ha in mano[5], e per la prima volta quella[6] mattina parla. Incomincia a leggere il canto XXVIII del Purgatorio[7], dove Dante incontra *una donna soletta che si gìa cantando e scegliendo fior da fiore* : Matelda, appunto, il personaggio che porta il suo nome. Legge :

> *Vago già di cercar dentro e dintorno*
> *la divina foresta spessa e viva*
> *ch'a li occhi temperava il novo giorno,*
> *senza più aspettar, lasciai la riva*[8]...

---

1. v. **riflettere** ; 1. p.p. rég. **riflettuto**, 2. p.p. irrég. **riflesso** qui donne **il riflesso, la riflessione**.
2. De **cammino** : *chemin* ; v. **camminare**.
3. Le **ch** est souvent l'équivalent du **cl** français : **chiamare** : *clamer*, *appeler* ; **chiodo** : *clou* ; **chiudere** : *clore* ; **chiave** : clé ; **chiostro** : *cloître*...
4. v. **(soddis)fare** ; p.p. irrég. de **fare** : **fatto**.
5. Rappel : **in mano, in testa, in braccio**...
6. △ adj. et pronoms démonstratifs : **questo** : *ce*, *celui-ci* (proximité dans le temps ou l'espace) ; **quello** : *ce*, *celui-là* (éloignement). **Questa casa è bella ma quelle erano più belle ancora.**
7. La *Divine Comédie* comporte 100 chants : 1 d'introduction et 33 pour chacune des parties. Dans ce chant du *Purgatoire*, Dante se trouve au Paradis terrestre, sur les rives du Léthé, comme Matelda dans le parc près d'une eau claire et limpide.

Après un instant de réflexion elle hâte le pas comme si elle suivait une direction précise. Elle est arrivée à une vieille fontaine de pierre grise à l'eau claire et limpide. D'un air heureux elle ouvre le livre qu'elle a dans les mains et pour la première fois, ce matin-là, elle parle. Elle commence à lire le chapitre XXVIII du *Purgatoire* où Dante rencontre *une dame seulette qui s'en allait chantant fine chanson et cueillant à choisie parmi les fleurs* : Matelda précisément, le personnage qui porte son nom. Elle lit :

> *Or jaloux de chercher en ses détours*
> *la divine forêt épaisse et vive*
> *qui à mes yeux tamisait le jour neuf,*
> *sans plus tarder, [...] je m'éloignai du bord...*

Aucune certitude sur l'identité de la Matelda dantesque : jeune femme florentine ? figure allégorique représentant la perfection de la vie active ? voire la Sapience ou la Philosophie ? La poésie de son apparition dépasse toute interprétation réductrice :

> *Or m'apparut — comme naît par merveille*
> *soudaine chose et jette hors de cours*
> *toute autre idée — une dame seulette*
> *qui s'en allait chantant fine chanson*
> *et cueillant à choisie parmi les fleurs*
> *dont sous ses pas la sente fut brodée.* (v. 37-42)

Les citations du texte de Dante sont empruntées à la traduction de André Pézard parue dans la collection de la Pléiade, exceptionnelle à plus d'un titre.

8. C'est Dante personnage qui parle (v. 1-4).

Piero CHIARA
(1913-1986)

Le corna del diavolo
Les cornes du diable
(1977)

D'une famille d'origine sicilienne installée à Luino, Piero Chiara est un auteur fécond, aimé d'un large public depuis 1962, date de sa première œuvre : **Il piatto piange**. Longtemps greffier au tribunal, mais aussi grand joueur de cartes et de billard, il enchante les soirées avec ses amis par ses talents de narrateur.

Ses romans et récits, qui ont souvent le charme désuet d'un naturalisme finissant, rappellent Maupassant ou Palazzeschi.

Citons, entre autres, **La spartizione**, 1964 ; **Il balordo**, 1967 ; **L'uovo al cianuro e altre storie** (nouvelles), 1969 ; **Con la faccia per terra e altre storie**, 1972 (évocation de son père) ; **La stanza del vescovo**, 1976 ; **Le corna del diavolo** (nouvelles), 1977 ; **Il cappotto di Astrakan**, 1978.

Le ton de Chiara est allègre, plaisant, dépourvu de moralisme, et si l'écriture n'est pas novatrice, elle a une limpidité incisive et révèle une observation attentive de l'époque, des personnes, des objets, dont le charme est indéniable.

Deux œuvres sont traduites en français ; **I giovedì della signora Giulia** (*Les jeudis de Madame Giulia*, 1971) ; **Saluti notturni dal passo della Cisa** (*La lune rousse*, 1988).

Chiara est aussi l'auteur d'une biographie de Gabriele D'Annunzio.

Le rive del nostro lago appartennero [1], nei secoli scorsi [2] e fino all'età napoleonica [3], a poche, grandi famiglie : i Borromei, che stendevano i loro possessi da Arona [4] a Stresa [4] e a Cannero [4], i Marliani feudatari [5] del luinese e più tardi i Crivelli [6], che cominciavano ad avere terra verso Angera e ne possedevano, lungo la sponda lombarda, fino al confine [7] svizzero.

Con la soppressione delle proprietà feudali [5] le unità terriere del Lago Maggiore si frazionarono e qualche famiglia borghese, venuta in luce [8] nell'Ottocento [9], cominciò a rodere coi suoi modesti insediamenti l'antico cerchio delle rive, finché [10] i Borromei [11] si restrinsero [12] alle isole, i Marliani scomparvero [13] e i Crivelli si ridussero [14] ad alcuni cippi di granito con incise [15] le lettere P.C. (Proprietà Crivelli), disseminati tra Angera e Luino. Dell'antica famiglia, che tenne [1] in casa come precettore il Parini [16], non resistono lungo il lago che i cippi, il nome di un isolotto vicino ad Angera e quello di un grande parco a Luino, già in parte distrutto [17] e dal quale è scomparsa [13] la villa che fu dimora estiva [18] dei conti.

Giuseppe Crivelli Serbelloni, ultimo del suo casato, morì nei primi anni del nostro secolo senza discendenti diretti e lasciando vedova la moglie Antonietta, nata duchessa Sfondrati Trotti Bentivoglio. Tre fragorosi cognomi [19] che divennero noti dopo la sua morte, perché quando la nobile signora era in vita veniva indicata [20] semplicemente come contessa Crivelli, senza che nessuno nel paese immaginasse quanta parte di illustre sangue lombardo fosse rifluita nelle sue vene.

---

1. p.s. irrég. de (**appar**)**tenere** ; irrég. aussi au prés., voir n. 17, p. 27.
2. p.p. irrég. du v. (**s**)**correre** : *passer, couler, s'écouler*.
3. Napoléon lors de deux campagnes (1796 et 1800) conquiert un certain nombre d'États italiens, dont la Lombardie, qu'il transforme en républiques dirigées par ses généraux ou parents.
4. Petites villes ou bourgades sur les rives du lac Majeur.
5. **feudo** : *fief* ; d'où **feudale**.
6. **Carlo Crivelli** (1436-1494), peintre vénitien.
7. Durant le fascisme les opposants étaient **confinati**, c.-à-d. envoyés en résidence surveillée dans le sud de l'Italie.
8. *venue à la lumière*.
9. On a coutume de désigner les siècles par le chiffre de leur centaine, **il Quattrocento** : *le XVe siècle*...
10. 1. *tant que*, **Finché c'è vita c'è speranza** ; 2. *jusqu'à ce que*.

Les rivages de notre lac appartinrent, dans les siècles passés et jusqu'à l'époque napoléonienne, à un petit nombre de grandes familles : les Borromei, dont les propriétés s'étendaient de Arona à Stresa et à Cannero, les Marliani seigneurs de la région de Luino, et plus tard les Crivelli, qui commençaient à avoir des terres vers Angera et en possédaient, le long de la berge lombarde, jusqu'à la frontière suisse.

Avec la suppression des propriétés féodales, les patrimoines terriens du lac Majeur s'émiettèrent et quelque famille bourgeoise qui avait émergé au XIXe siècle commença à grignoter discrètement les implantations ancestrales sur le pourtour du lac, jusqu'à ce que les Borromei se soient confinés sur les îles, tandis que les Marliani disparaissaient et que les Crivelli se réduisaient à quelques cippes de granit, disséminés entre Angera et Luino et portant gravées les lettres P.C. (Propriété Crivelli). De l'ancienne famille dont le précepteur fut Giuseppe Parini, il ne reste, le long du lac, que les cippes, le nom d'une petite île près d'Angera et celui d'un grand parc à Luino, déjà en partie détruit et d'où a disparu la villa qui était la résidence d'été des comtes.

Giuseppe Crivelli Serbelloni, dernier de sa lignée, mourut dans les premières années de notre siècle, sans descendants directs, laissant pour veuve sa femme Antonietta, née duchesse Sfondrati Trotti Bentivoglio. Trois patronymes éclatants qui ne furent connus qu'après sa mort car, tout au long de son existence, la noble dame était simplement désignée sous le nom de comtesse Crivelli, sans que personne dans le pays soupçonnât quelle part d'illustre sang lombard coulait dans ses veines.

---

11. Voir n. 12, p. 53.
12. p.s. irrég. du v. (re)stringere : *réduire, rétrécir*.
13. v. parere et composés (ap)(s)(com)(scom)parire irrég. au p.s. parvi et au p.p. parso.
14. p.s. irrég. du v. ridurre (riducere) et de tous les v. en -urre.
15. v. incidere ; un'incisione del Seicento : *une gravure du XVIIe*.
16. Giuseppe Parini (1729-1799), prêtre et poète ; censeur sévère de la noblesse milanaise dans *Il Giorno*, il plaide pour un grand idéal civique et moral dans l'esprit de la philosophie des Lumières.
17. p.p. irrég. du v. distruggere ; p.s. distrussi, distruggesti...
18. adj. dérivés des noms de saisons : primavera, primaverile ; estate, estivo ; autunno, autunnale ; inverno, invernale.
19. △ nome : *prénom* ; cognome : *nom, patronyme*.
20. Voir n. 15, p. 35.

[Alta e severa, si poteva vederla non più di due o tre volte l'anno passare in gramaglie per le vie del borgo col suo passo lento e stentato [1], il capo tentennante sopra le spalle strettissime e le mani nascoste [2] dentro un manicotto [3]. Le sue mete [4] erano la chiesa o il cimitero, dove andava sempre accompagnata da qualche nobildonna della sua età che teneva in villa per compagnia, o dalle vecchie sorelle Luini, nobili anch'esse d'antica data e quasi imparentate col borgo e col suo celebre pittore [5]. Per la Messa non le occorreva [6] uscire, perché gliela [7] andava a dire in casa il prete della chiesa di San Giuseppe, ogni domenica.

La sua grande villa di stile inglese, oggi scomparsa, aveva una torre esagonale e delle finestre a coppia [8] dalle quali [9] si poteva vedere tutto il lago. Davanti alla facciata il parco si sfoltiva [10] per lasciar posto [11] ad un prato in forte pendio sul quale [9] i giardinieri disegnavano ad ogni stagione un intreccio [12] di cordoni fioriti : un monogramma di vari colori o solo un motivo ornamentale, simile a un gran [13] gioiello pendente sopra un vestito verde.]

Gran [13] signora di quelle d'una volta e delle quali [9] si è perduta la semenza, la contessa Crivelli morì fra il compianto [14] del popolo che aveva beneficato, senza lasciare il minimo [15] margine per alcuna leggenda o pettegolezzo. Suo marito invece, il conte Giuseppe, morto almeno vent'anni prima di lei, un segno di estrosità, se non proprio di mal costume [16], l'aveva lasciato nella cronaca del paese. Si racconta, infatti, o meglio si raccontava una volta, che il conte, ex-colonnello di cavalleria, era stato in gioventù gran [13] donnaiolo [17].

---

1. v. **stentare** : *avoir du mal* ; **a stento** : *avec peine, difficilement.*
2. p.p. irrég. du v. **nascondere** ; **un nascondiglio** : *une cachette.*
3. De **manica** (*manche*) + **-otto** suff. diminutif.
4. △ ne pas confondre **la meta**, *le but* et **la metà**, *la moitié.* Cf. p. 50, **a metà strada**.
5. Il s'agit de **Bernardino Luini** (1480-1522) dont on peut voir un très beau tableau, *La Vierge au rosier*, au musée Brera de Milan.
6. △ traduction de *il faut* : 1. devant un v. : **bisogna, occorre** ; **bisogna andare al museo, occorrerà vedere quando è aperto** ; 2. devant un subst. : **ci vuole, occorre** ; **ci vuole mezza giornata per visitare mentre l'anno scorso occorrevano due ore** (△ accord).
7. Pronoms groupés. Quand **mi, ti, si, ci, vi, si** sont placés devant les autres pron. **lo, la, li, le, ne** ils deviennent **me, te, se, ce, ve, se. Questo libro, prestamelo, poi te lo restituirò.**

44

Grande et sévère, on ne la voyait pas plus de deux ou trois fois l'an, en habits de deuil, passer dans les rues de la bourgade de son pas lent et hésitant, la tête vacillante sur ses épaules étriquées et les mains cachées dans un manchon. Elle se rendait à l'église ou au cimetière où elle allait toujours accompagnée de quelque noble dame de son âge qui vivait auprès d'elle pour lui tenir compagnie, ou des sœurs Luini, nobles elles aussi de longue date, entretenant quasiment des liens de parenté avec la bourgade et son célèbre peintre. Pour la messe, elle n'avait nul besoin de sortir car le prêtre de l'église San Giuseppe venait la dire chez elle, chaque dimanche.

Sa grande villa de style anglais, aujourd'hui disparue, avait une tour hexagonale et des fenêtres géminées d'où l'on pouvait voir tout le lac. Devant la façade, le parc se clairsemait pour faire place à un grand pré en forte déclivité sur lequel les jardiniers dessinaient, à chaque saison, un entrelacs de cordons fleuris : un monogramme aux couleurs variées ou un simple motif ornemental, semblable à un grand pendentif sur une robe verte.

Grande dame, de celles des temps jadis dont la semence s'est perdue, la comtesse Crivelli mourut, pleurée par le peuple qu'elle avait comblé de ses bienfaits, sans laisser place pour la moindre fable ou le moindre commérage. En revanche, son mari, le comte Giuseppe, mort au moins vingt ans avant elle, avait laissé dans la chronique du pays un souvenir d'excentricité sinon de véritable dévergondage. On raconte en effet, ou pour mieux dire on racontait autrefois, que le comte, ancien colonel de cavalerie, avait été dans sa jeunesse un grand coureur de jupons.

⚠ à la 3ᵉ pers. du sing. on ne distingue plus **gli** de **le** et les 2 pron. se soudent pour donner **glielo, gliela, glieli, gliele**. Il dipinto **glielo** farò vedere e anche le incisioni **gliele** farò vedere.

8. m. à m. *en couple*. Ne pas confondre avec **la copia** : *la copie*.
9. syn. de ces 3 expressions : **da cui, su cui, di cui** car **cui** = **il, la, i, le quale(i)**.
10. De **folto** : *dense, dru* avec **s-** préf. privatif.
11. ▲ **il posto** : *endroit, place* ; **la piazza S. Pietro** : *la place Saint-Pierre*.
12. De **treccia** : *tresse* ; v. **intrecciare**.
13. **grande** s'emploie parfois sous cette forme apocopée.
14. **il pianto** (du v. **piangere**) : *les pleurs*.
15. **piccolo, minore, minimo** ≠ **grande, maggiore, massimo**.
16. 1. *coutume* ; 2. *costume* ; **gli usi e costumi** : *les us et coutumes*.
17. De **donna** : *femme*. **Don Giovanni era un gran donnaiolo**.

Malattia della quale non era guarito sposando la contessa, tanto che, venendo a stare nella gran villa dei suoi antichi, si era portato dietro [1] un'amante che teneva dentro [2] una casina nascosta tra le piante [3] d'un boschetto, al di là del fiume Tresa, in territorio d'altro comune ma sempre sui suoi terreni, che si stendevano per chilometri lungo le rive del lago.

Ogni giorno, camminando sul suo, il conte si portava alla riva del Tresa, verso la foce [4], dove aveva fatto gettare una passerella sopra il fiume, largo [5] in quel punto una cinquantina [6] di metri. La passerella, così [7] leggera che non poteva reggere più di un uomo per volta, era comparsa da un giorno all'altro, senza che nessuno avesse visto gente all'opera [8] sul fiume. Le donne assicuravano che era stata [9] costruita in una sola notte dal Diavolo, interessato a favorire i peccati del conte, per portarselo [10] poi via [11] a tempo giusto.

Passando sul ponte carraio [12] più a monte [13], i paesani guardavano verso la foce e vedevano la sagoma [14] della passerella, lieve come se fosse di fumo, contro il riverbero del lago. Le donne si segnavano [15] e gli uomini, meno disposti [16] a veder l'opera [8] del Diavolo in quel traliccio di assicelle [17] e di pali, sorridevano sornioni e invidiavano il conte, che a sessant'anni suonati poteva concedersi giornalmente uscite di quel genere.

Qualcuno affermava di aver visto, verso il tramonto [18], la sagoma dell'anziano signore che varcava le acque, come un equilibrista, su quel filo sospeso [19] tra le rive [20].

---

1. Voir n. 14, p. 37.
2. **in** : *dans* ; **dentro** : *à l'intérieur de*, d'où *cachée*.
3. Aujourd'hui le sens est presque toujours celui de *plante*.
4. v. **sfociare** : *se jeter*, *déboucher* au sens propre et fig.
5. △ à la construction de **largo** et **lungo** avec une mesure : **il fiume è lungo dieci chilometri e largo cinquanta metri**.
6. **-ina** suff. (cf. *-aine*) : **una ventina, una quarantina** mais **un centinaio, un migliao** (plur. irrég. **delle centinaia, delle migliaia**, voir n. 14, p. 27).
7. 1. *ainsi* ; 2. *tant, tellement*. **Parla così perché è così giovane**.
8. À l'origine ce seul sens, puis **opera**, contraction de **opera lirica**, d'où **Teatro dell'opera** (Opéra). *Aïda* **è un'opera di Giuseppe Verdi**.
9. △ le v. *être* (**essere** p.p. **stato**) a pour auxiliaire le v. *être*.
10. Voir n. 7, p. 44.

46

Maladie dont il ne s'était pas guéri en épousant la comtesse ; aussi, lorsqu'il était venu habiter la grande villa de ses ancêtres, avait-il amené avec lui une maîtresse qu'il cachait dans une maisonnette dissimulée au milieu des arbres d'un petit bois, sur l'autre rive de la Stresa, des terres qui lui appartenaient, bien que situées sur le territoire d'une autre commune, et qui s'étendaient sur des kilomètres le long des berges du lac.

Chaque jour, parcourant son domaine, le comte allait jusqu'à la Stresa, se dirigeant vers l'embouchure où il avait fait jeter une passerelle sur la rivière dont la largeur, à cet endroit, était d'une cinquantaine de mètres. La passerelle, si légère qu'elle ne pouvait porter plus d'un homme à la fois, était apparue du jour au lendemain, sans que personne ait vu quiconque à l'œuvre sur la rivière. Les femmes soutenaient qu'elle avait été construite en une seule nuit par le Diable, qui avait tout intérêt à favoriser les péchés du comte pour pouvoir l'emporter, le moment venu.

Quand ils passaient sur le pont charretier, plus en amont, les villageois regardaient vers l'embouchure et voyaient la silhouette de la passerelle, ténue comme une fumée, se dessiner sur le miroitement du lac. Les femmes se signaient et les hommes, moins enclins à voir l'œuvre du Diable dans cet assemblage de lattes et de pieux, souriaient sournoisement et enviaient le comte qui, à soixante ans bien sonnés, pouvait s'offrir quotidiennement des escapades de ce genre.

D'aucuns affirmaient avoir vu, au crépuscule, la silhouette du vieux gentilhomme franchir la rivière, comme un équilibriste, sur ce fil tendu entre les deux rives.

---

11. **via** adv. (éloignement) s'emploie souvent pour renforcer un v. de mouvement : **andare via**, **volare via**, **gettare via**, **mettere via**...
12. De **carro** : *char, charrette* ; **passo carraio**, **porta carraia** : *passage carrossable, porte cochère*.
13. ≠ **a valle**. **Il fiume scorre da monte a valle.**
14. *forme, modèle* d'où l'expression : **Che sagoma !**, *Quel numéro !*
15. **un segno** : *un signe*, cf. p. 44 **un segno di estrosità** ; **un segnale** : *un signal* ; **la segnaletica stradale** : *la signalisation routière* ; v. **segnare** : *marquer*.
16. p.p. irrég. du v. **(dis)porre** et composés de **porre(ponere)**. Les femmes voient le diable là où les hommes voient la femme !
17. De **asse** : *planche* + **-icello** suff. diminutif.
18. Là où le soleil décline **tra** (*entre*) **i monti**. Voir n. 8, p. 20.
19. Voir n. 5, p. 26.
20. Nous avons rencontré p. 42 le syn. **la sponda**.

Altri sostenevano d'aver notato, a notte alta[1], una luce che traversava il fiume : certamente la lanterna che il conte portava con sé per farsi lume[2]. Ed era facile immaginarlo chiuso in un pastrano militaresco[3] e con in testa qualche suo[4] vecchio colbacco, a metà passerella, quando si soffermava un momento per sentir fremere tutta la struttura del fragile viadotto librato sopra i gorghi.

Buon custode[5] della sua[4] riserva d'amore, il conte andava ogni giorno a controllare l'integrità del deposito e magari a delibarne una presa, saggiamente, da buon intenditore[6] e da quell'uomo sano e gagliardo che pareva.

La contessa, nelle sue[4] stanze, forse cognita dell'oltraggio, vegliava in preghiera. Sapeva e taceva, come era giusto. La gente del paese, sapendola colpita[7] nei[8] sentimenti e nell'[8] orgoglio, non aveva ragione d'invidiarla[9]. Perfino[10] i poveri che da lei ricevevano la carità, potevano dire : « Povera contessa ! ».

L'amante del conte era anche lei, a quanto[11] si diceva, una contessa, ma senza beni e finita in quella casina nel bosco dopo una vita avventurosa. Non più giovane, ma ancora bella, era venuta ad attestarsi sul fiume per tenere in vita un suo[4] amore o forse soltanto perché non aveva altre risorse.

I ladri[12] di legna[13] che l'avevano intravista qualche volta alle finestre della sua[4] casina e i pescatori[14] che toccando riva all'alba presso il boschetto l'avevano scorta[15] una volta o due passeggiare tra l'erba, ne parlavano come d'una fata[16].

---

1. Comme *altus* latin, **alto** signifie à la fois *haut* et *profond*.
2. Plus littéraire que **luce**. Chez Dante ou Pétrarque le mot indique le regard, les yeux de la dame.
3. Même suff. que dans **grottesco**, **burlesco** mais plus fréquent en italien : **scolaresco**, **manesco**, **principesco**...
4. Les possessifs sont presque toujours formés de 2 membres : une particule poss. **sua**, **nostro**, **loro**, **miei**, **tuoi**, **suoi**, **vostre**... précédée d'un article ou d'un adjectif : **i suoi terreni**, **un suo amore**, **questa sua casina**, **qualche suo colbacco**... On verra plus loin les exceptions à cette règle.
5. v. **custodire** ; **una custodia** : *un étui*.
6. **A buon intenditore poche parole** : *À bon entendeur salut*.
7. v. **colpire** ; **un colpo** : *un coup* ; **colpo di Stato, di scena, di mano**...
8. Remarquer que l'italien n'emploie pas le possessif quand le sens de possession est évident.

D'autres prétendaient avoir remarqué, en pleine nuit, une lumière qui franchissait la rivière : sans aucun doute la lanterne que le comte emportait pour s'éclairer. On l'imaginait aisément, serré dans une capote militaire et coiffé de quelque vieux colback, s'arrêter un instant au milieu de la passerelle pour sentir frémir toute la structure du fragile viaduc en équilibre sur les flots bouillonnants.

Bon gardien de sa réserve d'amour, le comte allait chaque jour vérifier l'intégrité du bien dont il était dépositaire, voire en déguster quelque menu morceau, sagement, en fin connaisseur et en homme sain et vigoureux qu'il semblait être.

La comtesse, peut-être instruite de l'outrage, veillait en prière dans ses appartements. Elle savait et se taisait, comme il se doit. Les gens du pays, la sachant blessée dans ses sentiments et son orgueil, n'avaient aucun motif de l'envier. Même les pauvres qui recevaient d'elle des aumônes, pouvaient dire : « Pauvre comtesse ! ».

La maîtresse du comte était elle aussi, à ce qu'on disait, une comtesse, mais démunie et qui avait échoué dans la maisonnette du bois après une vie aventureuse. Plus très jeune, mais encore belle, elle était venue s'installer sur le fleuve pour garder en vie un amour ou peut-être simplement parce qu'elle n'avait pas d'autres ressources.

Les voleurs de bois qui l'avaient entrevue quelquefois à sa fenêtre et les pêcheurs qui, accostant à l'aube près du bosquet, l'avaient aperçue une fois ou deux marchant dans l'herbe, en parlaient comme d'une fée.

---

9. Distinguer **l'invidia** : *envie, jalousie* et **la voglia** : *envie, désir*. **Meglio essere invidiati che compatiti.**

10. Sens plus absolu que **anche** : *aussi, même*.

11. Comme tanto, molto, poco, **quanto** : *combien* peut être soit adj. : **Quanti poveri venivano da lei e quante carità ricevevano !** (cf. p. 42 **quanta parte di sangue**) ; soit adv. **Dio sa quanto soffriva.** △avec **tanto** dans le comparatif d'égalité : voir n. 8, p. 95. **Quanti ne abbiamo oggi ?** *Quel jour sommes-nous ?*

12. **ladro** : *voleur* ; **rubare** : *voler* ; **un furto** : *un vol*.

13. Voir n. 4, p. 20.

14. De **pesce** : *poisson* ; **non sapere che pesci pigliare** : *ne pas savoir où donner de la tête, sur quel pied danser.*

15. p.p. irrég. de **scorgere** ; p.s. **scorsi, scorgesti, scorse...**

16. D'où l'adj. **fatato** : *féerique, enchanté.*

Per altri invece, più pratici del mondo o più disincantati, si trattava di una donna qualunque che il conte teneva a portata di mano solo perché era bene in carne e gli serviva per rifarsi[1] dell'austerità di casa sua[2].

[Tutto andò bene per qualche anno, finché la troppa comodità di quel diversivo fu fatale al conte, che già anziano e forse debole di cuore, avrebbe fatto meglio a[3] starsene[4] quieto, sotto i clipei e tra le armature che riempivano stanze e corridoi della sua villa. Infatti, di ritorno da una delle sue visite, una notte fu colpito da un malore[5] a metà strada. Con l'aiuto di un guardiacaccia[6] raggiunse[7] a malapena la sua camera e riuscì a stendersi nel letto. Ma alla mattina un cameriere[8] lo trovò ch'era freddo. La contessa fu avvertita e accorse[9], dalla camera dove dormiva sola[10], a[11] rimirare il[12] marito che da alcune ore aveva varcato ben altro fiume[13] e ben più arduo ponte.

Due giorni dopo e proprio durante i solenni funerali del conte, scoppiò un grande temporale e una piena[14] improvvisa del Tresa travolse[15] il ponticello, quasi che[16] il Diavolo, compiuta la sua opera e non abbisognando più di quel mezzo[17] per assicurarsi l'anima del peccatore[18], avesse disposto il nubifragio onde[19] far perdere le tracce[20] del buon lavoro che aveva fatto dalle nostre parti[21]. Tuttavia qualcosa rimase[22], perché ogni primavera e per molti anni, nei periodi di magra[14] si potevano vedere un paio[23] dei paletti di sostegno della passerella che sporgevano[24] dall'acqua uno vicino all'altro.]

---

1. *se remettre d'une perte, se rattraper d'un manque.*
2. Noter cet emploi du possessif avec **casa** : **Non puoi venire a casa mia ? Allora verrò io a casa tua.**
3. △ la prép. **a** dans cette expression.
4. m. à m. *s'en rester* comme **andarsene** : *s'en aller.* Voir n. 7, p. 44.
5. Uniquement sens physique. *Un malheur* : **una disgrazia.**
6. Nombreux mots formés sur **guardia** ou **guarda** : **guardaboschi, guardacoste, guardapesca...**
7. p.s. irrég. de (**rag**)**giungere** ; p.p. (**rag**)**giunto**.
8. Aujourd'hui c'est plutôt le *serveur du café* ou *du restaurant.*
9. p.s. irrég de (**ac**)**correre** ; p.p. (**ac**)**corso**.
10. Remarquer le poids de cet adj. **sola**.
11. **a** après v. de mouvement ; **accorse a rimirare**.
12. Voir n. 8, p. 48.

Pour d'autres, au contraire, plus experts des choses de ce monde ou plus désenchantés, il s'agissait d'une femme quelconque que le comte gardait à portée de main uniquement parce qu'elle était bien en chair et le dédommageait de l'austérité qui régnait chez lui.

Tout alla bien pendant quelques années, jusqu'au jour où l'excessive commodité de ce dérivatif fut fatale au comte qui, déjà âgé et peut-être faible de cœur, aurait mieux fait de rester tranquille sous les blasons et au milieu des armures qui remplissaient les pièces et les corridors de sa villa. En effet, de retour de l'une de ses visites, une nuit, il fut pris d'un malaise à mi-chemin. Aidé par un garde-chasse, il parvint non sans mal à regagner sa chambre et à s'étendre sur son lit. Mais le matin, quand un domestique le découvrit, il était déjà froid. La comtesse fut prévenue et accourut, de la chambre où elle dormait seule, pour contempler ce mari qui, depuis quelques heures, avait franchi un tout autre fleuve et un pont infiniment plus périlleux.

Deux jours plus tard, et précisément durant les funérailles solennelles du comte, un gros orage éclata et une crue soudaine de la Tresa emporta le pont, comme si le Diable, ayant accompli son œuvre et n'ayant plus besoin de cet expédient pour s'assurer l'âme du pécheur, avait déclenché la tempête dans l'intention de faire perdre la trace de l'excellent travail qu'il avait fait dans notre région. Toutefois, il en demeura quelque chose, car chaque printemps et pendant de longues années, aux périodes de basses eaux, on pouvait voir deux des pieux qui avaient soutenu la passerelle pointer hors de l'eau, l'un près de l'autre.

---

13. Chiara pense sans doute à l'Achéron, le fleuve de l'Enfer.

14. **piena** : *pleine* ≠ **magra** : *maigre*.

15. p.s. irrég. de **(tra)volgere** et composés : **(s)volgere**, **(scon)volgere**.

16. = **come se** + subj. (**avesse**) ; forme ancienne.

17. **mezzo** (subst) : 1. *demi* ; **due litri fanno quattro mezzi** ; 2. *moyen* ; **la fine giustifica i mezzi** selon une lecture hâtive de Machiavel.

18. De **peccato** : *péché*. Ne pas confondre avec **pescatore** : *pêcheur*.

19. Forme ancienne pour **per**, **affinché**.

20. sing. **traccia**.

21. ***Dalla parte di Swann*** : *Du côté de chez Swann*.

22. p.s. irrég. de **rimanere** ; syn. **restare**.

23. pluriel irrég. **due paia** ; voir n. 14, p. 27.

24. Cf. l'inscription dans les trains : **È pericoloso sporgersi**.

I timorati[1] di Dio vi ravvisarono[2] subito le corna[3] del Diavolo, sprofondato[4] nel fiume insieme al[5] ponticello, mentre gli scettici[6] non seppero[7] vedervi altro che un simbolo delle sofferenze della contessa. Ancora oggi, qualche volta, le due punte nere appaiono[8] per pochi minuti sulla lastra[9] del fiume, ma chi[10] le scorge può pensare soltanto alle teste di due anguille che risalgono[11], incerte, la corrente.

---

1. De **timore** (mots en **-ore** masc.) : *crainte*.
2. De **viso** : *visage* ; *reconnaître par le visage*.
3. plur. irrég. ; voir n. 14, p. 27.
4. De **profondo**.
5. △ retenir cette expression : **insieme a**.
6. Rappel **scettici**, **pratici** pluriel des mots sdruccioli en **-co** et **-go** ; voir n. 10, p. 31.
7. Voir n. 14, p. 17.
8. v. **parere** et composés (voir n. 13, p. 43), irrég. au présent : **paio, pari, pare, paiamo, parete, paiono**.
9. *plaque*, *dalle*. Cf., dans la première nouvelle, **le lastre di zinco**. **La via dell'inferno è lastricata di buone intenzioni**.
10. 1. *celui (ceux) qui* : **Chi rompe paga** : *celui qui casse les verres...* ; 2. interrogatif : **Chi è venuto ?**

52

Ceux qui craignaient Dieu y reconnurent aussitôt les cornes du Diable, englouti dans la rivière en même temps que le pont, alors que les sceptiques n'y virent rien d'autre qu'un symbole des souffrances de la comtesse. Aujourd'hui encore, de temps à autre, les deux pointes noires émergent, l'espace d'un instant, du miroir de l'eau, mais ceux qui les aperçoivent ne sauraient imaginer autre chose que deux têtes d'anguille qui remontent, en hésitant, le courant.

---

11. v. (**ri**)**salire** irrég. au présent : **salgo**, **sali**, **sale**, **saliamo**, **salite**, **salgono**.
12. La famille Borromeo est une noble famille milanaise dont les origines remontent au xvᵉ siècle. On doit à sa munificence le collège Borromeo de Pavie et la Bibliothèque ambrosienne de Milan. Elle compte parmi ses membres les plus illustres **saint Charles Borromée** (1538-1584), champion de la Contre-Réforme, et **Federico Borromeo** (1564-1631), érudit, humaniste, archevêque de Milan qui se prodigua pendant la famine de 1627 et la peste de 1630 et dont **Manzoni** (1785-1873) fit un des personnages positifs de son roman *I Promessi Sposi* (*Les fiancés*).

Les îles Borromées (Isola Madre, Isola Bella, Isola dei Pescatori, Isolotto la Marghera) ont conservé un palais du xviiᵉ et de superbes jardins exotiques que l'on peut visiter.

Tommaso LANDOLFI
(1908-1969)

Due veglie
Deux veillées
(1962)

« C'est le seul écrivain qui ait consacré un soin méticuleux, digne d'un dandy romantique (tels Byron ou Baudelaire), à la construction de son propre "personnage" : un personnage nocturne, d'une singularité extravagante, dissipateur et joueur invétéré ; personnage ostentatoire de ses propres œuvres... » (G. Contini). Ce fin lettré, polyglotte, traducteur superbe de Gogol et de Pouchkine, est né près de Frosinone ; il a longtemps séjourné à Florence où il fut l'un des collaborateurs les plus originaux de la revue *Letteratura*.

On le range généralement parmi les écrivains de littérature fantastique aux côtés de Hoffmann ou E. Poe mais on évoque aussi le grotesque de Gogol ou l'influence de Kafka. L'originalité de Landolfi est toutefois incontestable.

De cette prose excentrique et démodée dont la syntaxe est souvent ironiquement archaïsante et le vocabulaire prolixe et délirant, il dit lui-même : « J'en arrive à être lassé par mon écriture, puisqu'on ne saurait parler de style ; faussement classique, faussement nerveuse, faussement soutenue, faussement relâchée, sans compter toutes les autres faussetés ; est-il possible que je sois incapable de parvenir à une honnête humilité et que les phrases naissent déjà ampoulées dans mon cerveau comme Pallas de... et nous y revoilà ! » Il se jugeait sévèrement car sa prédilection pour le monstrueux, ce jeu cruel et érotique avec les mots et la vie, ont donné quelques romans et récits saisissants, pour la plupart traduits en français : **Dialogo dei massimi sistemi**, 1937 ; **Pietra lunare**, 1939 ; **Il mare delle blatte**, 1939 ; **Racconto d'autunno**, 1947 ; **La bière du pêcheur**, 1953 ; **Rien va**, 1963 ; **Racconti impossibili**, 1966.

Donna mia[1], che dirti ancora ? Tu stai per[2] scendere nella fredda tomba, e con te saranno in essa[3] chiusi ogni mio[4] affetto, ogni bene, ogni speranza, tutto ciò[5] che avevo di casto, di nobile, di fidente[6], e anche ogni bene terreno, ogni gioia, e in breve tutto quanto[7] può far bella la solitaria vita dell'uomo. Io t'amo[8], creatura gentile, t'amo ora più che mai, io che ti avevo incontrata dopo lunghi anni di malinconia, dopo lungo cammino per arido deserto ; e tu mi sei tolta[9]. Io che avevo in te riconosciuto tutte le perfezioni e tutte le delizie[10], in te compiuto ciascun voto[11] del mio cuore, ciascun impeto del mio sangue ; e tu mi sei tanto presto e crudelmente tolta, così che quasi si confondono gli sponsali e questi funebri onori. E tu pure[12] mi amavi, né altra più saprebbe amarmi al tuo modo[13] ; posso dunque ben dire che nella tua tomba sarà chiuso non solo il mio amore ma quello che d'amore mi veniva, il mio paradiso. E che sarà di qui innanzi[14] la mia vita se ciò che tale la faceva, se il suo spirito vitale le è strappato ? Ah volentieri io darei tutto il mio sangue, tutto meno una gocciola da goderti poi, perché[15] il tuo si risciogliesse[16] ; ah volentieri, altro non potendo, ti seguirei in codesto buio viaggio, non temessi[17] con ciò di affliggere[18] la tenera amante, che ancora mi proteggerà[18] dalla sua luce, o dalla sua tenebra[19] ! Eppure chi mi ridarà te, te stessa ? Sei bella e sei buona ; ma ahimè che devo[20] dir eri.

---

1. ⚠ formes et place du poss. au vocatif : **Mamma mia ! Madonna mia !** deux interjections presque équivalentes en Italie.
2. L'expression idiomatique *aller, être sur le point de...* est rendue par le v. **stare** + **per** + infinitif.
3. En principe **esso** et **essa** sont des pronoms réservés aux choses.
4. Voir n. 4, p. 48.
5. Du latin *ecce hoc : cela* ; mais avec **che** équivalent de **quel che.**
6. **fidarsi** : *se fier, avoir confiance* ; **la fiducia** : *la confiance.*
7. *ce que*, quand il indique une quantité, est rendu par **quanto.**
8. Le v. **amare** est réservé à l'amour. Pour l'affection : **volere bene** ; pour le plaisir : **piacere. Quell'uomo mi piaceva, poi gli ho voluto bene, poi l'ho amato... ma non l'ho sposato.**
9. p.p. irrég. de **togliere** et des v. en **-gliere : cogliere, sciogliere, scegliere.**
10. Le vocabulaire et le ton de tout ce passage sont d'un lyrisme biblique qui rendra plus brutale la rupture qui suit.

Ma chère femme, que te dire encore ? Tu t'apprêtes à descendre dans ta froide tombe, et avec toi y seront ensevelis ma tendresse, mon bien, mon espérance, tout ce que je possédais de chaste, de noble, de confiant, mais aussi tout bien sur cette terre, toute joie, tout ce qui en somme peut embellir la vie solitaire de l'homme. Je t'aime, douce créature, je t'aime maintenant plus que jamais, moi qui t'avais rencontrée après de longues années de mélancolie, après un long chemin dans un désert aride ; et voici que tu m'es enlevée. Moi qui avais reconnu en toi toutes les perfections et toutes les délices, et en toi accompli chacun des vœux de mon cœur, chacun des élans de mon sang ; et voici que tu m'es si prématurément et si cruellement enlevée, au point que se confondent presque nos épousailles et ces célébrations funèbres. Toi aussi tu m'aimais, et jamais plus aucune autre ne saurait m'aimer comme tu le fis ; ainsi ai-je raison de dire que dans ta tombe sera enfermé, non seulement mon amour, mais ce qui de l'amour me venait, mon paradis. Et qu'en sera-t-il dorénavant de ma vie, si ce qui la rendait telle, si son esprit vital lui est arraché ? Ah comme volontiers je donnerais tout mon sang, tout, sauf une goutte pour jouir de toi après, afin que ton sang se remette à couler ! Ah comme volontiers, impuissant par ailleurs, je te suivrais dans ce voyage obscur, si je ne craignais par là d'affliger une tendre amante qui me protégera encore de sa lumière, ou de ses ténèbres ! Qui donc te rendra à moi, telle que tu étais ? Tu es belle et tu es bonne ; mais hélas il me faut dire : tu étais.

---

11. 1. *vœu* ; 2. *note* (en classe) ; 3. *vote*, entre autres.
12. syn. **anche**.
13. m. à m. *à ta manière*.
14. **innanzi = dinanzi = davanti** : *devant, en avant* ; m. à m. *d'ici à plus avant*.
15. 1. *parce que* + indicatif ; 2. *pour que* + subj. (**risciogliesse**).
16. Du verbe **sciogliere** : *dénouer, fondre, dissoudre*. **La neve si scioglie al sole.** Voir aussi n. 9, ci-dessus. **Ha scelto di portare i capelli sciolti.**
17. Le **se** est sous-entendu devant **non temessi**.
18. Les verbes en **-ggere** ont souvent leur p.p. en **-tto** ; **afflitto, protetto, corretto.**
19. Selon qu'elle sera au paradis ou en enfer ?
20. v. **dovere** irrég. au présent : **devo, devi, deve, dobbiamo, dovete, devono.**

In te rifulgeva altezza d'ingegno e ogni altro vezzo dell'animo, che a leggiadria, appunto, e a bontà cedono luce mentre ne ricevono calore[1]. E tutto ciò, e tutto ciò mi è tolto... E tu, topolino[2] che ti arrampichi guardingo su pel[3] piede di quella seggiola[4], cosa[5] cerchi[6] nella casa del dolore ? Creaturina che dovrei uccidere o scacciare, avanza tranquilla e tienimi[7] compagnia ! Ma, spaventata dalla mia voce, tu rotoli via[8] con minuto galoppo ; e non so biasimarti[9], ché[10] tu ti affretti, felice, verso il segreto buco[11] dove ti attende la tua femmina... E felice anche te, canoro usignuolo i cui[12] trilli empiono la lontana notte, per ciò che, come disse[13] il poeta[14], la tua piccola sposa vive con te nel medesimo[15] nido. Vive : dolce, unica parola... Ma che vedo ! le sue guance si soffondono di lieve rossore[16]... Ah no, che è crudele inganno dei miei occhi stanchi... Ah sì, che non è inganno : miracolo tra tutti giocondo, ella rivive ! Oh gioia inesprimibile che anche me riconduce dalla morte alla vita ! Ecco prende a[17] mormorare qualcosa...

2

[— Il mio bel vaso di cristallo su quella panca malferma : basta il più piccolo urto a farlo cadere.

— Distintamente parla : oh resti[18] qui per sempre abolito, resti passato incubo orrendo, il mio lutto !

— Toglilo[7] subito di lì. E questi ceri, questi fiori ?

— Sono per illuminare e celebrare il tuo risveglio. Mia carissima, tu sei tra le braccia del tuo amato e resa[19] alle liete accoglienze[20] della natura tutta, tu...

---

1. Le ton religieux, voire mystique, de la phrase s'intensifie.
2. Premier indice de retour au réel. **Topolino**, le Mickey Mouse italien. Titre d'un petit journal illustré pour enfants.
3. Alors que la combinaison de la préposition et de l'art. indéfini est systématique pour **a, di, da, in** (**al, dei, dagli, nelle**...) elle est plus rare avec **con** (**collo, colla**...) et rarissime avec **per** (**pel**).
4. syn. **sedia** ; v. **sedere**.
5. Abréviation de **che cosa ?** : *quelle chose ?*
6. △ conjugaison des v. en **-care** et **-gare** qui intercalent un **h** devant **i** et **e** pour garder leur son dur.
7. Rappel : les pronoms s'accrochent à l'impératif.
8. Voir n. 11, p. 47.
9. **il biasimo** : *le blâme*.
10. Contraction ancienne de **perché**.
11. Prov. **In tempo di tempesta ogni buco è porto**.

58

En toi resplendissait un esprit sublime et tous les autres ornements de l'âme qui illuminent précisément la beauté et la bonté et qui d'elles reçoivent la chaleur en retour. Et tout cela, tout cela m'est ôté... Et toi, raton craintif qui grimpes le long du pied de cette chaise, que cherches-tu dans la maison de la douleur ? Petite créature que je devrais tuer ou chasser, avance sans crainte et tiens-moi compagnie ! Mais, épouvanté par ma voix, voilà que tu fuis de ton trot menu ; et je ne saurais te blâmer car tu te hâtes, heureux, vers le trou secret où t'attend ta compagne... Heureux toi aussi, mélodieux rossignol dont les trilles emplissent la nuit lointaine, puisque, comme l'a dit le poète, ta jeune épouse vit avec toi dans le même nid. Elle vit : douce, unique parole... Mais que vois-je ! ses joues se colorent d'une imperceptible rougeur... Ah non, cruelle tromperie de mes yeux fatigués... Ah oui, miracle des plus joyeux et non tromperie, elle revit ! Oh joie indicible qui me ramène moi aussi de la mort à la vie ! La voilà qui murmure quelque chose...

2

— Mon beau vase de cristal sur ce tabouret branlant : le moindre heurt pourrait le faire tomber.

— Elle parle distinctement. Oh que soit à jamais anéanti, que soit englouti dans le passé, ce cauchemar terrifiant que fut mon deuil !

— Enlève-le immédiatement d'ici. Et ces cierges, ces fleurs ?

— C'est pour illuminer et célébrer ton réveil. Ma bien-aimée, tu es dans les bras de ton bien-aimé et rendue à la nature toute entière qui joyeusement t'accueille, tu...

---

12. △ à la forme de *dont* compl. de nom : **il topo la cui sposa è nel buco** et *dont* compl. de v. : **il poeta di cui ti leggevo quei versi**.
13. p.s. irrég. de **dire (dicere)** donc : **dissi, dicesti, disse, dicemmo**...
14. **Pétrarque ?**   **Quel rosigniuol che sì soave piagne,**
    (1304-1374)   **forse suoi figli, o sua cara consorte...**
         Ce rossignol qui si doucement pleure
         ses fils peut-être ou sa douce compagne...
15. Sens de *identique* et donc plus fort que **stesso** : *même*.
16. **-ore** suff. d'état : **biancore, dolore, ardore, calore, spessore**...
17. **prendere a** : *se mettre à*.
18. Les v. en **-are** font **i** aux 3 pers. sing. du subj. présent.
19. p.p. irrég. du v. **rendere** ; **la resa** : *retour des invendus* ou *reddition*.
20. Du v. **accogliere** ; voir n. 9, p. 56.

— Accidenti [1], dev'essere il quindici domani. A parte la rata dell'aspirapolvere, sa Iddio come faremo ad andare avanti [2] fino alla fin del mese. Al giorno d'oggi non c'è mai quattrini [3] abbastanza ; di' un po', lo sai per esempio a quanto sono arrivati gli spinacci ?

— Gli... Veramente, come io già... si dice spinaci e non spinacci [4]. Ma poi... Guarda, per la finestra aperta le stelle, appena impallidite [5] dalla luna or ora [6] tramontata, paiono occhieggiare in questa stanza che un momento fa [7] era la sede di sinistri terrori...

— Le serve sono un vero castigo di Dio [8] : la nostra ci deruba a man salva, sulla spesa [9] e in casa, e questo certo non aiuta [10]. No, delle volte mi sento proprio scoraggiata.

— ... quasi volendo farsi partecipi della nostra festa d'amore !

— Dovresti prenderla sul fatto e darle una buona lezione ; ma già, tu non ti interessi di niente.

— Oh, mia diletta, spira gli effluvi vivificanti di questa notte d'aprile e...

— Tra l'altro, quante volte non le ho detto che la varechina rovina [11] i panni [12] ; ma lei per far presto... Eh, si capisce : frusta mia e cavallo d'altri [13].

— Ma infine...

— E l'Ada poi, che cosa si immagina quando viene qui ripicchiata e inghirlandata come una giovinetta, di umiliarmi per caso ? Ci vuol [14] altro ; è soltanto ridicola, alla sua età. E per cominciare ci vorrebbe [14] una sarta un po' meglio.

---

1. Avait un sens plus fort : *qu'il puisse t'arriver un malheur !*
2. *avancer, poursuivre, continuer.*
3. syn. plus modernes : **i soldi, il denaro** : *l'argent.*
4. Les doubles consonnes se prononcent et donc la faute s'entend. Nous avons essayé de trouver un équivalent.
5. De **pallido** : *pâle*. *Ti trovo un po' pallida (Racconto d'estate)*, un texte de **Fruttero e Lucentini** commentant les photos de 30 fantasmes féminins de Fellini, éd. Longanesi.
6. Pour exprimer le passé immédiat : *venir de...* ; l'italien doit recourir à des périphrases : **la luna è tramontata or ora** ou **appena** ou **poco fa.**
7. L'expression du temps que nous rendons par *il y a* s'exprime par **fa** (*cela fait*) placé après le nom indiquant la durée : **un anno fa, due mesi fa, un secolo fa, tre settimane fa...**
8. m. à m. *châtiment de Dieu.*

— Sapristi, on doit être le quinze demain. Sans compter la traite de l'aspirateur, Dieu seul sait comment on va pouvoir boucler le mois. Par les temps qui courent, des sous, il en faut de plus en plus. Dis donc, tu sais, par exemple, à combien sont arrivés les-z-haricots verts ?

— Les ... En vérité, comme je t'ai déjà... on dit les haricots et non les-z-haricots. Mais laissons... Regarde, par la fenêtre ouverte les étoiles, juste un peu pâlies par la lune qui vient de disparaître, elles semblent regarder dans cette chambre où il y a un instant régnait un sinistre effroi...

— Les domestiques sont un véritable fléau : la nôtre nous vole impunément, à la maison et quand elle fait le marché, ça n'arrange pas nos affaires. Non, parfois je me sens vraiment découragée.

— ... comme si elles voulaient participer à notre fête d'amour !

— Tu devrais la prendre sur le fait et lui donner une bonne leçon, mais c'est vrai, toutes ces choses ne t'intéressent pas.

— Oh mon aimée, respire les effluves vivifiants de cette nuit d'avril et...

— Entre autres, combien de fois ne lui ai-je pas dit que la javel abîme le linge ; mais elle, pour aller plus vite... Eh, bien sûr, pourquoi se gêner, c'est la patronne qui paie.

— Mais enfin...

— Quant à Ada, qu'est-ce qu'elle s'imagine quand elle arrive attifée et pomponnée comme une jeunesse ? Qu'elle va m'humilier, peut-être ? Il en faudrait plus que ça ; elle est tout bonnement ridicule, à son âge. Et pour commencer, il lui faudrait une autre couturière.

---

9. **fare la spesa** : *faire les courses, le marché* ; de **spendere** : *dépenser* ; p.p. irrég. **speso**. **Quanti soldi ho speso per fare la spesa !**

10. m. à m. *et cela certes n'aide pas* ; v. **aiutare**.

11. **Roma conserva molte rovine romane** : *des ruines*.

12. prov. **Dio manda il freddo secondo i panni** : *À brebis tondue Dieu mesure le vent*. Affirmation bien optimiste !

13. m. à m. *le fouet est à moi mais les chevaux sont à d'autres*.

14. Voir n. 6, p. 44.

• **Rappel grammatical :** futur et conditionnel, voir n. 1, p. 20 et n. 5, p. 22. Nous avons rencontré dans ce texte des verbes :
  réguliers : **seguirei** d'où **seguirò** (**seguire**)
  semi-contractés : **dovrei, dovresti** (**dovere**), **saprebbe** (**sapere**)
  contractés : **vorrebbe** (**volere**) d'où **vorrò, vorrai...**
  irréguliers : **sarà, saranno** (**essere**), **darà** (**dare**), **faremo** (**fare**).

Come non lo sapessi[1], del resto, di dove prende i suoi quattrini : ah poveri mariti. Ma sì è inutile parlarne a te che ci[2] hai una simpatia per lei.

— Ma no, ti giuro, io...

— Per quest'estate avrò assolutamente bisogno di un prendisolino[3] nuovo : il vecchio s'è ridotto[4] in un modo, e poi ora non .vanno[5] più così.]

3

Oh, se Dio vuole stavolta tu sei morta davvero ! Molti anni sono passati da quella mia prima veglia, quando tu all'improvviso rinvivisti[6]. Io allora « volentieri avrei dato tutto il mio sangue », eccetera ; e, « rispondendo ai miei ardenti voti, il cielo volle[7] che tu ti destassi[8] dal tuo letargo mortale », eccetera eccetera (che in simili termini usavo[9] a quel tempo esprimermi e perfino pensare). E a proposito cos'era stato[10] ? Mah, una catalessi[11], o non so più come la definissero. D'altronde non è quello che importa[12]... Lunghi anni : che immagine luminosa di te mi lasciavi, mi avresti lasciato allora ! E ora che dirti ? Beh, non esageriamo : tu, come tutti, sei in fondo senza colpa[13] ; sicché sia pure pace all'anima tua. E sta[14] bene ; ma... ma che cosa mi hanno dato tutti questi anni ? (O se si vuole diciamo ci hanno dato, perché il discorso al postutto si potrebbe sempre capovolgere[15]). Ti credevo dolce, bella, buona, intelligente e passa, e mi son dovuto convincere[16] che eri anche arcigna, cattiva, stupida, volgare, oltreché brutta ; anche e non, per la verità, particolarmente, ma infine ce n'era quanto bastava.

---

1. Le **se** est sous-entendu avant **non lo sapessi**.
2. Le **ci** est explétif, cf. *je n'y vois rien*.
3. vestito che permette di prendere il sole.
4. p.p. irrég. de **ridurre** et des v. en -**urre** ; (**de**)**durre**, (**pro**)**durre**, (**se**)**durre**, (**con**)**durre**... conj. sur -**ducere**. Voir n. 14, p. 43.
5. v. **andare** irrég. au présent : **vado, vai, va, andiamo, andate, vanno**. Ici un des emplois idiomatiques de **andare** : *être approprié, à la mode*.
6. v. rare **rinvivire** : *redevenir vivant* (**vivo**).
7. p.s. irrég. de **volere** : **volli, volesti, volle**...
8. Plus littéraire que **svegliar(si)**. Rappel : imparfait du subj. dans la subordonnée car la principale est à un temps passé.
9. 1. *utiliser, employer* d'où 2. *avoir l'habitude de*. **Il poeta non usa esprimersi come gli altri**. ▲ *user* : **consumare, logorare**.
10. Rappel : le v. *être* est l'auxiliaire de lui-même.

62

Comme si je ne le savais pas, d'ailleurs, où elle les prend ses sous : ah les pauvres maris ! Mais ce n'est pas la peine que je te raconte tout ça, à toi qui as un faible pour elle.

— Mais non, je te jure, je...

— Pour cet été, j'ai absolument besoin d'un bain-de-soleil neuf : le vieux est immettable, et puis cette forme-là, ça ne se fait plus.

3

Dieu merci, cette fois tu es morte pour de bon ! Bien des années ont passé depuis ma première veillée, quand soudainement tu revins à la vie. Alors « j'aurais volontiers donné tout mon sang », et cetera ; et, « répondant à mes vœux ardents, le ciel voulut que tu t'éveillasses de ta mortelle léthargie », et cetera, et cetera (car c'est en ces termes que j'avais alors coutume de m'exprimer et même de penser). À propos, que s'était-il passé ? Une catalepsie, je crois, je ne sais plus très bien comment ils ont appelé ça. D'ailleurs ce n'est pas ce qui importe... Oui, de longues années : quelle image lumineuse de toi tu me laissais, tu m'aurais laissée alors ! Et maintenant que te dire ? Allons, n'exagérons pas : au fond, comme tout un chacun, tu n'es pas fautive ; et donc, paix à ton âme. Fort bien : mais... mais que m'ont apporté toutes ces années ? (Disons même que « nous » ont apporté, car au fond, on pourrait tout aussi bien inverser le raisonnement.) Je te croyais douce, belle, bonne, intelligente et ainsi de suite, et j'ai dû me convaincre que tu n'étais pas seulement laide mais aussi acariâtre, méchante, stupide, vulgaire ; que tu étais tout cela, sans doute pas outre mesure en vérité, mais bien suffisamment en tout cas.

---

11. Les mots terminés en -i au sing. (du grec) sont invariables : **la crisi, l'analisi, la sintesi, la diagnosi**...
12. **Non importa !** *Ça ne fait rien !*
13. **la colpa** : *la faute* ; **colpevole** : *coupable*.
14. Un des emplois idiomatiques de **stare** : *aller, convenir*. **Non sta bene parlare in quel modo. Questo cappello ti sta molto bene.**
15. De **capo** (*tête*) et **volgere** (*renverser*) : *mettre tête en bas*.
16. Les v. **dovere, volere, potere** se conjuguent avec l'auxiliaire *avoir* ; **ho dovuto parlartene** ; **non ha voluto dormire** ; **hanno potuto dirtelo**. Mais, quand ils sont suivis d'un autre v., ils lui empruntent son auxiliaire d'où leur nom de verbes serviles. **Sei dovuto andarci. Non sono potute entrare. Non sono voluti venire.** Cette règle, difficile d'emploi, disparaît dans la langue parlée.

Tu dunque, anziché dare, mi hai tolto qualcosa, ossia[1] (per esser precisi) quello che potevi avermi dato prima più un tanto[2] : una bazzecola, la possibilità medesima di sperare e di esser felice poiché non può più illudersi[3] chi fu[4] deluso[3] una volta. Uhm, ciò stesso che mi toglievi poteva e magari doveva rendermiti[5] più cara, lo capisco bene. O per dir meglio capisco che dovrei capirlo, ma in realtà non lo capisco per nulla : come, più cara forse che il primo giorno, che quando moristi la prima volta ? Eh no, nessuno riuscirà a convincermi di una simile buaggine[6] : sono una triste umanità e tristi affetti quelli che nascono[7] dalla delusione[3] e non si nutrono solo di appagamento[8], di felicità : affetti infermi, un ripiego della nostra disperazione, una confessione della nostra volgarità, che tronfiamente vogliono nobilitare, come tante altre cose inferme e abbiette, come per esempio il nostro schifoso[9] dolore di creature umane eccetera. « Era una donna, niente più che una donna, e proprio perché tale io la amavo » : così parlano una certa retorica...[10] e la nostra impotenza. Ma, lasciando da parte le considerazioni, che cosa è stata in sostanza la nostra vita (magari pel solo fatto che era in comune, ossia che in due[11] la vita non può essere altra da sé)[12], se non una specie[13] di discorso (quando non disputa)[14] senza fine, anzi senza capo né coda, ronzante, ostinato, torvo perfino, Dio sa su quali argomenti ? Se non una sordida sequela[15] di inutili preoccupazioni, prive di ogni luce ? E a mia volta, s'intende, io ho senza volere « ignorato le tue più meravigliose malinconie[16] », col resto.

---

1. **ossia** forme vieillie ; synonyme **oppure** (*ou bien*) ; **anzi** (*mieux même*).
2. **tanto** peut être aussi employé comme substantif. **Un tanto per cento.**
3. v. **illuder(si)** ; p.p. **illuso** ; **un'illusione** ≠ **deludere, deluso, delusione**.
4. p.s. irrég. du v. **essere** : **fui, fosti, fu, fummo, foste, furono.**
5. La combinaison des pronoms permet des formes très synthétiques. Ici, **renderti più cara a me. Gli scriveva per farselo amico** : *Il lui écrivait pour s'en faire un ami.*
6. Mot rare ; de **bue** (*bœuf*) qui, si l'on en croit plusieurs mots et expressions, est considéré comme un animal borné. Pour la formation du mot, cf. **stupidaggine.**
7. **Landolfi è nato il 9 agosto 1908 : è la sua data di nascita.**

Donc, au lieu de me donner, tu m'as enlevé quelque chose ; ou (pour être plus précis) tu m'as enlevé ce que tu avais été capable de me donner auparavant, avec en prime ce petit rien, cette bagatelle : la possibilité d'espérer et d'être heureux ; car celui qui a été déçu une fois ne peut plus s'illusionner. Hum, ce que tu m'enlevais pouvait et aurait même dû te rendre plus chère à mes yeux, je le comprends bien. Ou pour mieux dire, je comprends que je devrais le comprendre, mais en réalité je ne le comprends pas du tout. Comment ? plus chère peut-être que le premier jour ? que lorsque tu mourus pour la première fois ? Eh non, personne ne parviendra à me persuader d'une telle ineptie. Triste humanité et tristes sentiments en effet que ceux qui naissent de la désillusion et ne se nourrissent pas uniquement de plénitude et de bonheur : sentiments infirmes qui ont la présomption d'ennoblir ce qui n'est que palliatif de notre désespoir, aveu de notre trivialité, sans compter mille autres choses infirmes et abjectes comme, par exemple, notre répugnante douleur de créatures humaines, et cetera. « C'était une femme, rien qu'une femme, et c'est précisément pour cela que je l'aimais » : voilà ce que disent une certaine rhétorique... et notre impuissance. Mais, laissant là ces ratiocinations, qu'a été en substance notre vie (du seul fait qu'il s'agissait de vie commune et qu'autrement dit la vie à deux ne peut être différente de ce qu'elle est), sinon une espèce de discours (quand elle n'était pas dispute) sans fin, ou pour mieux dire sans queue ni tête, ronronnant, obstiné, jusqu'à l'animosité, à propos de tout et de rien ? Sinon une sordide kyrielle d'inutiles tourments, que rien n'illuminait ? Quant à moi, il va de soi que j'ai, sans le vouloir, « ignoré tes plus merveilleux vague à l'âme », et tout le reste.

---

8. De **pago** : *paisible*, *apaisé*, d'où **pagare** : *payer* qui est la manière d'apaiser ses créanciers ! **la paga** : *la paye*.
9. **fare schifo** : *dégoûter* ; voir n. 13, p. 159.
10. La rhétorique d'un certain catholicisme ?
11. △ **loro erano in tre, noi eravamo in due, così ci ritrovammo in cinque**.
12. Car l'autre est un miroir qui vous empêche de vous illusionner sur vous-même.
13. Les mots terminés en **-ie** : **specie**, **serie**, **superficie**... sont invariables sauf **la moglie** qui fait **le mogli**.
14. au sens scolastique ; △ *une dispute* : **una lite** ; *se disputer* : **litigare. I genitori di Matelda litigano.**
15. D'où le français *séquelle*.
16. Pour le superlatif, voir n. 9, p. 11.

A farla [1] breve, non ho forse ragione [2] di desiderare retrospettivamente... diavolo di frase [3] ! dico di rimpiangere che tu non sia morta a tempo, cioè quando facesti quella finta [4] ? Sì, felice quello la cui [5] sposa muoia [6] se possibile il giorno stesso delle nozze ; perché gliene rimane un'immagine pura, che qualunque seguito non può se non insozzare [7]. Ah, quella prima notte, se avessi avuto tanto così [8] di buon senso, invece di disperarmi avrei dovuto gridare : Gran fortuna che tu sia morta ! E successivamente, invece di giubilare, avrei dovuto mettere il lutto al cappello [9] ! Infatti tu rivivisti, e tra il prima e il dopo ci fu appunto la differenza che c'è tra la vita e la morte ; ma, beninteso, morte era questa, questa di qua [10]. Tanto è vero che non possiamo sperar vita se non dalla morte, ove poi anch'essa non sia per tradirci [11] ; o, altrimenti detto, che nostra unica nemica è la vita stessa... Ma guarda un po' che ricomincia coi ragionamenti !... Tu, piuttosto, topo che ti affacci [12] di dietro alla credenza, possibile che non si riesca [13] a liberare di voi questa casa ? Sì, sì, fuggi pure : ti raggiungerò [14] in qualche modo. Voglio provare col grano avvelenato [15]... E tu altro, petulante e dannato usignolo che, approfittando di questo straccio [16] di giardino, sei venuto stavolta fin sotto le finestre, tu colle tue cascate di perle in bacini d'argento o cosa ancora abbiano inventato i poeti, quando la [1] farai finita ? Una buona schioppettata [17], se non altro per spaventarti, ecco quello che ci vorrebbe [18] per te.

---

1. Le pronom **la** remplace un mot qui serait vaguement : *histoire, affaire* ; **cavarsela** : *s'en tirer* ; **darsela a gambe** : *prendre ses jambes à son cou* ; **avercela con uno** : *en avoir après quelqu'un* ; **questa, me la lego al dito !** : *je m'en souviendrai !*
2. ≠ **torto**.
3. L'auteur ne manque pas d'humour sur lui-même ou sur ceux qu'il parodie.
4. Voir n. 16, p. 17.
5. Voir n. 12, p. 59.
6. v. **morire** irrég. au présent : **muoio, muori, muore, moriamo, morite, muoiono** et donc au prés. subj. **muoia, muoia, muoia**...
7. De **sozzo** : *sale, crasseux*.
8. Le **così** est presque l'équivalent d'un geste qui indiquerait la petite quantité requise.

Pour être bref, n'ai-je pas raison de désirer rétrospectivement...
quelle diable de phrase ! je voulais dire de regretter que tu ne
sois pas morte ce jour-là, ce jour où tu fis semblant ? Oui,
heureux celui dont l'épouse meurt, s'il se peut, le jour même
de ses noces ; car il en conserve une image pure, que la suite,
quelle qu'elle soit, ne pourra que souiller. Ah, lors de cette
première nuit, si j'avais eu tant soit peu de bon sens, au lieu
de me désespérer j'aurais dû crier : quelle chance que tu sois
morte ! Et par la suite, au lieu de jubiler, j'aurais dû mettre un
ruban de deuil à mon chapeau ! En effet, tu revins à la vie, et
entre l'avant et l'après, il y eut précisément la différence qui
existe entre la vie et la mort ; mais, bien entendu, la mort était
ici, de ce côté-ci. Tant il est vrai que nous ne pouvons espérer
la vie que de la mort, si tant est qu'elle aussi ne se mette pas
à nous trahir ; autrement dit, que notre unique ennemie est la
vie elle-même... Mais le voilà qui recommence à ratiociner !...
Occupons-nous plutôt de toi, raton qui pointes ton nez derrière
le buffet, est-ce possible qu'on n'arrive pas à débarrasser cette
maison de votre engeance ? Mais oui, mais oui, déguerpis : je
finirai bien par t'attraper. Je vais essayer avec le grain empoi-
sonné... Quant à toi, autre pétulant et damné rossignol qui,
profitant de ce lambeau de jardin, es venu cette fois jusque sous
les fenêtres, toi et tes cascades de perles dans des bassins
d'argent, et autres sornettes qu'ont inventées les poètes, quand
vas-tu enfin te taire ? Un bon coup de fusil, rien que pour te
faire une belle frousse, voilà ce qu'il faudrait pour toi.

---

9. ⚠ ne pas confondre **cappello** : *chapeau* et **capello** : *cheveu*.
10. **questo** : *celui-ci* et **qui** ou **qua** : *ici* ≠ **quello** : *celui-là* et **lì** ou
    là : *là-bas*. **Non voglio questa qui, voglio quella lì.**
11. Ici le **stare** de l'expression **stare per** est remplacé par **essere**
    (rare).
12. v. **affacciarsi** : *montrer son visage* (**faccia**) à une ouverture,
    fenêtre ou porte.
13. v. (**ri**)**uscire**, irrég. au présent (n. 9, p. 28), et donc prés. subj.
14. **giungere** = **arrivare** ; **raggiungere** : *rejoindre*, *rattraper* ;
    v. irrég. p.s. **giunsi** ; p.p. **giunto**.
15. De **veleno** : *poison*, *venin*. **La vipera è velenosa.**
16. *chiffon*, d'où l'idée d'une chose négligeable, dérisoire.
17. Voir n. 7, p. 30 ; **lo schioppo** = **il fucile**.
18. Voir n. 6, p. 44.

Silvio D'ARZO
(1920-1952)

I due vecchi
Le vieux couple
(1947)

De son vrai nom Ezio Comparini, Silvio D'Arzo était le « provincial » de Reggio Emilia (et de Bologne où il fit des études de lettres et d'anglais) comme Delfini l'était de Modène.

On ne sait pratiquement rien de la brève vie de cet auteur mystérieux et effacé comme le sont souvent ses personnages. Né de père inconnu, sa mère était tireuse de cartes dans les foires et marchés où il a sans doute observé ces étranges funambules, dresseurs de singes et autres empailleurs de **Essi pensano ad altro**, 1942, contemporain de **All'insegna del buon corsiero**.

Mobilisé en 1943, il déserte peu après sans être pour autant inquiété et revient vivre avec sa mère à Reggio, dans la plus grande discrétion.

Comme Vittorini, il connaissait bien la littérature anglo-saxonne, en particulier James et Saroyan, dont on retrouve les atmosphères et l'écriture dans ses œuvres.

Le recueil de nouvelles **Casa d'altri e altri racconti**, 1953 (*Maison des autres*, seul texte traduit en français jusqu'ici), fut remarqué par Attilio Bertolucci et Roberto Longhi, et Bassani le publia sans parvenir à lui gagner (ni alors ni aujourd'hui) l'intérêt du public.

Cette écriture si rigoureuse et si retenue, si secrètement mélancolique et orgueilleuse, coïncidait mal, dans cette période d'après-guerre, avec le volontarisme d'une littérature qui s'appliquait à exorciser le grand fantôme du fascisme.

« Rien au monde n'est plus beau qu'écrire. Même mal. Même si les gens se moquent. C'est peut-être la seule chose que je sais », écrivait Silvio d'Arzo.

Non so se sia[1] eccesso o mancanza di sensibilità, ma è un fatto che le grandi tragedie mi lasciano quasi indifferente. Ci sono sottili dolori, certe situazioni e rapporti, che mi commuovono[2] assai[3] di più di[4] una città distrutta[5] dal fuoco.

Questa la prima ragione per cui prendo a[6] scrivere oggi dei due vecchi Grimaldi.

Vissuti[7] in un tempo relativamente felice — mi pare sian[1] nati all'incirca verso l'80[8] — lo furono anch'essi per lunghissimi anni. Avevano la fortuna[9] di una passabile rendita e si dice perfino che fossero[1], tutti e due, molto belli. Poi le cose cambiarono.

Verso i cinquanta (dopo che già da quasi dieci anni avevano preso a[6] vivere un poco appartati) morì il loro unico figlio : e se la felicità li aveva resi quasi simili a centinaia di altri, questa prima perdita valse[10] a renderli profondamente diversi. Fu proprio da quel momento che cominciarono ad essere se stessi. Non uscirono più : non ricevevano quasi nessuno. Dai cinquanta ai sessanta (compresi gli ultimi quattro[11] di guerra) vennero accorgendosi[12] sempre di più che l'agiatezza di un tempo si andava implacabilmente assottigliando[12] : ma non mossero[2] un dito per tentar d'impedirlo. Per dieci anni si limitarono ad osservare, come si guarda alle volte l'ultimo lembo di lettera che il fuoco del camino sta lentamente bruciando.

Ormai non rimaneva loro[13] che una casa. Allora, con una specie di commovente cinismo, fecero il conto degli anni che con tutta probabilità restava loro[13] da vivere e il conto di quello che avrebbero potuto ricavare da quella vendita : decisero[14] di concluder l'affare.

---

1. Rappel : les v. d'incertitude, de doute, de supposition, entraînent l'emploi obligatoire du subjonctif.
2. verbe **muovere** : *mouvoir* et ses composés ; irrég. p.s. **mossi, muovesti, mosse**... et p.p. **mosso**. **Ci (com)muovemmo perché anche lui si era (com)mosso.**
3. △ (de *ad satis* latin) *beaucoup* ; ne pas confondre avec **abbastanza** : *assez.*
4. △ comparatif : 1. **più (meno) ... di** quand deux choses ou personnes sont comparées par rapport à une qualité ; **un dolore è più commovente di una città distrutta** ; 2. **più (meno) ... che** quand deux qualités sont rapportées à une chose ou personne ; **sono meno poveri materialmente che moralmente.** Mais la règle est plus subtile que cela !
5. Voir n. 17, p. 43.

Je ne sais s'il s'agit d'un excès ou d'un manque de sensibilité, mais il est un fait que les grandes tragédies me laissent à peu près indifférent. Il existe des douleurs secrètes, certaines situations et certaines relations qui m'émeuvent bien davantage qu'une ville ravagée par les flammes.

C'est la première raison qui me fait entreprendre aujourd'hui ce récit et vous parler du vieux couple Grimaldi.

Ayant vécu en un temps relativement heureux — ils étaient nés me semble-t-il vers les années 80 — ils le furent eux aussi pendant de très longues années. Ils jouissaient d'une honnête rente et l'on dit même qu'ils étaient l'un et l'autre très beaux. Puis les choses changèrent.

Vers la cinquantaine (alors que depuis près de dix ans déjà ils menaient une vie assez retirée), leur fils unique mourut ; et si le bonheur les avait rendus pratiquement semblables à des centaines d'autres, ce premier deuil suffit à les rendre profondément différents. C'est précisément à partir de ce jour qu'ils commencèrent à être eux-mêmes. Ils ne sortirent plus ; ils ne recevaient presque personne. Entre cinquante et soixante (y compris les quatre dernières années qui furent de guerre) ils constatèrent de jour en jour davantage que l'aisance de jadis allait s'amenuisant implacablement ; mais ils ne firent pas un geste pour y remédier. Pendant dix années ils se contentèrent d'observer, comme on regarde parfois le dernier lambeau d'une lettre que le feu de la cheminée dévore lentement.

Il ne leur restait plus désormais qu'une maison. Alors, avec une espèce de cynisme touchant, ils firent le compte des années que selon toute probabilité il leur restait à vivre et le compte de ce qu'ils pourraient retirer de cette vente : ils décidèrent de conclure l'affaire.

---

6. Voir n. 17, p. 59.
7. p.p. irrég. du v. **vivere** (conjug. avec aux. *être*) ; p.s. irrég. **vissi, vivesti, visse... Vissero molti anni nella città in cui erano vissuti i loro genitori.**
8. Le nombre indiquant une date est précédé de l'art. défini ; **il 1492 fu una data importante ; infatti nel 1492 Colombo scoprì l'America e Lorenzo de'Medici morì.**
9. A aussi, mais plus rarement, le sens de *fortune, richesse.*
10. p.s. irrég. de **valere** : *valoir* ; **valere a** : *servir à.*
11. △ l'ordre des adj. ; **le prime due ; i successivi dieci anni.**
12. **venire** peut, comme **andare**, s'utiliser avec un gérondif. Remarquer la sensation de temps étiré qu'introduisent ces expressions.
13. △ le pronom **loro** se place toujours après le v.
14. p.s. irrég. de **decidere** ; p.p. **deciso** ; la **decisione.**

Così, dopo aver ricavato la metà, e forse meno, di quello che qualsiasi [1] altro avrebbe potuto con tutta facilità guadagnare, si ritirarono in un appartamento del centro. — Se lo si [2] vuole, non c'è niente di piú lontano del [3] centro, osservò lui, che dei tempi passati aveva conservato soltanto un piccolo bagaglio di paradossi [4] e di massime [4].

Cominciò in questo modo la terza fase della loro vita, senza neppur sospettare che ce ne sarebbe stata [5] fra [6] breve una quarta. Quale ultima civetteria, egli si mise [7] a leggere Orazio : essa faceva per casa qualche leggero lavoro che fingeva [8] di trovare indispensabile. Così i pomeriggi [9] passavano : e se a questo mondo ci possono essere diverse specie di felicità, non stento a credere che fossero [10] quasi felici.

[Accadde [11] un mercoledì, all'improvviso.

Dall'orologio della piazza vicina suonarono le dieci e mezzo : e, come al solito [12], la donna che ogni mattina veniva a fare la spesa e a spazzare, si tolse il grembiule, salutò e se ne uscì in tutta fretta. Prima dell'una doveva ancora « fare » due case. Ma immediatamente rientrò.

— C'è un... un signore che chiede di lei [13], disse un po' ruvidamente per via di quel contrattempo. La signora osservò se tutto all'intorno fosse [10] in ordine.

— Credo che possiamo anche riceverlo qui, essa decise. Fatelo [13] pure entrare, Maria.

— No, disse la donna entrando di nuovo. Chiede scusa, ma desidera parlare personalmente con lei [13]. Il marito alzò gli occhi dal libro.

---

1. *quel(le) qu'il (elle) soit* ; syn. **qualunque**.
2. Le pronom réfléchi **si** ne se sépare pas du v. et les autres pronoms sont rejetés devant ; **la si vede** ; **glielo si dice**.
3. Voir n. 4, p. 70.
4. **paradosso, massima : ss = x**.
5. Analysons cette forme en se souvenant que **c'è (ci è)** = *il y a* ; **ci sarebbe** : *il y aurait* ; **ce ne sarebbe** : *il y en aurait*.
6. Indication d'une durée à venir : **partirò fra due giorni**.
7. Voir n. 12, p. 19.
8. Voir n. 16, p. 17.
9. De *post* + **meriggio**, forme ancienne de **mezzogiorno**, qu'on retrouve dans le v. **meriggiare**. (**Montale** 1896-1982, *Le occasioni*.)
   *Meriggiare pallido e assorto   S'assoupir, pâle et recueilli,
   presso un rovente muro d'orto...   auprès d'un brûlant mur d'enclos...*

Puis, ayant récolté la moitié, et peut-être moins, de ce que quiconque aurait pu aisément gagner, ils se retirèrent dans un appartement du centre. — Tout bien considéré, il n'y a rien de plus éloigné que le centre, observa le mari qui n'avait conservé, du temps passé, qu'un petit bagage de paradoxes et de maximes.

C'est ainsi que commença la troisième phase de leur vie, sans le moindre soupçon qu'une quatrième allait bientôt lui succéder. Comme ultime coquetterie il se mit à lire Horace tandis qu'elle s'adonnait à quelques menus travaux domestiques qu'elle feignait de trouver indispensables. Ainsi passaient les après-midi : et s'il peut y avoir en ce monde diverses sortes de bonheur, je n'ai pas de mal à croire qu'ils étaient presque heureux.

Ce fut un mercredi, inopinément.

À l'horloge de la place voisine, dix heures et demie sonnèrent ; et, comme à l'accoutumée, la femme qui chaque matin venait faire les courses et balayer, ôta son tablier, salua et fila. Avant midi elle devait encore « faire » deux maisons. Mais elle rentra aussitôt.

— Madame, il y a un... monsieur qui vous demande, dit-elle d'un ton quelque peu bourru à cause de ce contretemps. La femme regarda si tout était en ordre dans la pièce.

— Je crois que nous pouvons le recevoir ici, décida-t-elle. Faites-le donc entrer, Maria.

— Non, dit Maria qui avait réapparu. Le monsieur s'excuse mais c'est à vous, Madame, qu'il veut parler personnellement. Le mari leva les yeux de son livre.

---

10. Voir n. 1, p. 70.
11. p.s. irrég. de **cadere** : *tomber* et (**ac)cadere** : *survenir* ; **caddi, cadesti, cadde**... *E caddi come corpo morto cade* (Dante, *Enfer*, 5, 142).
12. **solito** : *habituel* (**portava il solito grembiule blù**) se retrouve dans les expressions **al solito** : *comme d'habitude* ; **di solito** : *habituellement*.
13. On s'adresse aux gens que l'on ne tutoie pas en employant la troisième personne du singulier dite personne de politesse : pronom sujet **Lei** au masculin et féminin d'où verbe, possessif, pronom complément de la troisième personne. **Lei vuole che le dica una cosa ? : suo marito può deluderla.** On entendra pourtant **voi** pour **Lei**, en Italie du Sud, ou pour marquer comme ici l'état d'infériorité de la domestique.

— Giovane ? chiese[1] poi rivolto[2] alla donna.

— Eh... sì, disse questa, senza riuscir bene a capire. Eh sí, giovane : giovane. Non deve arrivare ai trent'anni.

— Ah, tempi felici ; tempi felici. Si ha[3] fretta, scosse[4] la testa lui guardando la moglie. Non aspettare nemmeno che esca[5] il marito...

— Dovrebbe aspettare un bel po', rispose[6] ridendo sua moglie. Sono più di due anni che non esci[5] di casa.]

La lora età e le loro condizioni erano ormai tali che una visita costituiva una specie di avvenimento, di avventura : e mai, in ogni caso, una visita di giovani. Adesso, invece, una persona, e anche giovane, cercava, personalmente, di lei. Non arrivava proprio a capire.

— Non importa. Non importa. A che scopo[7] scusarti ? Ti ho forse chiesto[1] qualcosa ? continuò lui a scherzare nel medesimo tono. Io leggevo Orazio e non ho sentito una parola. Non prendertene[8].

Sorridendo di nuovo essa uscì.

[Nel salotto trovò un giovane di trent'anni e anche meno, che naturalmente non aveva mai visto, e il cui[9] nome le era perfettamente sconosciuto. Aveva una barba di tre o quattro giorni ed indossava un vecchio impermeabile giallo[10], di quelli che parecchi[11] anni prima usavano certi ufficiali di cavalleria. Anche la cravatta e le scarpe non dimostravano altra pretesa[12] che quella di rispondere alla necessità. Insomma — a parte una certa aggressività che non era per niente antipatica — la perfetta figura del povero studente di lettere che farà indubbiamente il giornalista, ma che per il momento si dichiara disposto[13] a dare lezioni private[14] a prezzi di assoluto favore.

---

1. v. **chiedere** ; p.s. **chiesi** ; p.p. **chiesto**.
2. v. **(ri) volger(si)** : *(s') adresser* ; p.s. **(ri) volsi** ; p.p. **(ri) volto**.
3. v. **avere** prés. irrég. : **ho, hai, ha, abbiamo, avete, hanno**.
4. v. **scuotere** ; p.s. **scossi** ; p.p. **scosso ; una scossa**.
5. Même irrég. que le présent, terminaison en **a** au subjonctif des verbes en **-ire** et **-ere**. **Bisogna che tu parta e prenda un impermeabile.**
6. p.s. irrég. de **rispondere** ; p.p. **risposto** ; **la risposta**.
7. **scopo** : *but*.
8. Même construction que **andarsene, rendersene**... Δ l'impératif, comme en français prend ses formes au prés. indicatif sauf à la forme négative de la 2e pers. où il emploie l'inf. : **non rispondere a quell'uomo e non dirgli quanto abbiamo guadagnato**.
9. Voir n. 12, p. 59.

74

— Jeune ? demanda-t-il en s'adressant à Maria.

— Ben... oui, dit-elle, sans bien comprendre. Ben oui, jeune, jeune. Pas trente ans, à mon avis.

— Ah la belle âge ; la belle âge. On est pressé à cet âge-là, dit-il en hochant la tête et en regardant sa femme. On n'attend même pas que le mari soit sorti...

— Il faudrait qu'il attende longtemps, répondit en riant sa femme. Il y a plus de deux ans que tu ne sors pas d'ici.

Leur âge et leur situation étaient tels désormais qu'une visite constituait une sorte d'événement, d'aventure ; et de toute façon les visiteurs n'étaient jamais jeunes. Et aujourd'hui une personne, jeune de surcroît, la demandait, personnellement. Elle ne comprenait vraiment pas.

— Ça ne fait rien. Ça ne fait rien. Pourquoi t'excuser ? T'ai-je demandé quoi que ce soit ? continua-t-il à plaisanter sur le même ton. Je lisais Horace et je n'ai rien entendu. Ne te tracasse pas.

Retrouvant son sourire, elle sortit.

Dans le salon elle trouva un homme d'une trentaine d'années et peut-être moins, que naturellement elle n'avait jamais vu et dont le nom lui était parfaitement inconnu. Il avait une barbe de trois ou quatre jours et portait un de ces vieux imperméables jaunes qu'utilisaient, il y a bien des années, certains officiers de cavalerie. La cravate et les chaussures n'affichaient elles non plus d'autre prétention que celle de répondre à la nécessité. En somme — mise à part une certaine agressivité qui n'avait rien d'antipathique — le type parfait du pauvre étudiant en lettres promis à la carrière de journaliste, mais qui pour l'heure se déclare prêt à donner des leçons particulières à un prix d'extrême faveur.

---

10. S. d'Arzo a-t-il choisi cette couleur fortuitement ou pensait-il au **giallo**, le *roman policier* (ainsi nommé pour la couleur du livre) dont ce chantage (**ricatto**) a quelque relent ?
11. voir n. 22, p. 17.
12. △ tous les mots en *-tion* ne font pas **-zione !** : **la civiltà, la pronuncia, l'obbligo, l'intervento, il significato**...
13. Voir n. 16, p. 47.
14. Les leçons particulières constituent un marché florissant car les examens de passage (**di riparazione**) d'une classe à l'autre se pratiquent encore quand on a été recalé (**bocciato, rimandato**) dans quelque matière ; **sono stato rimandato in latino e in matematica ; dovrò fare l'esame di riparazione a ottobre**. Au début du roman de **Bassani, *Il giardino dei Finzi Contini***, le narrateur relate l'épisode d'un échec scolaire.

— Ecco, vede. Ecco qui, cominciò lui quando si furono seduti, con un certo impaccio disinvolto e impaziente di cui egli stesso pareva sorridere. La storia è piuttosto lunga, so bene : ma dopotutto non credo che sia[1] possibile accorciarla di molto. Ecco, vede... ho ventisei anni (ventisette in agosto) e sono studente in legge[2]. O meglio, sono iscritto a un qualche anno di legge, che con tutta probabilità deve essere l'ultimo...

— Come mio figlio[3], venne spontaneo di commentare alla signora, che si era disposta ad ascoltare con una certa materna e amorevole ironia.]

— Ho studiato un po' a Bologna[4] : due anni. Voi[5] sapete com'è... e poi altri due anni a Milano[4].

— Proprio come mio figlio[3], ricordò lei nuovamente.

— Beh, disse sorridendo il giovanotto che si sentiva messo in imbarazzo da questi inaspettati accostamenti[6]. Credo che questi siano[1] gli unici punti di contatto fra noi due. Ecco, spiegò poi accennando[7] a impermeabile e scarpe ; e magari a un'altra miseria che doveva essere ancora più profonda e più sua[8] di quella dei pur scialbi indumenti[9]. Non posso credere che non si trovi[1] meglio di me.

La signora cambiò tono :

— Vorrei anch'io avere la stessa sicurezza.

— Oh, mi dispiace[10], disse lui, comprendendo oscuramente che il figlio doveva essere morto. Mi dispiace. Per quanto, anche così, io credo di dover restare dello stesso parere[11].

E aspettò con una composta[12] impazienza che l'onda di commozione suscitata in lei da quell'accenno si spezzasse[13], per riprendere l'argomento interrotto[14].

---

1. Rappel : les v. de doute entraînent l'emploi obligatoire du subj.
2. **la legge** : *la loi* ; **facoltà di legge** : *faculté de droit.*
3. Emploi particulier du poss. qui perd l'article devant un nom de parenté proche au sing., sans adj. et sans diminutif. Ainsi on aura **mio fratello** mais **i tuoi genitori, la sua vecchia nonna, la vostra sorellina.** Cette règle ne vaut pas avec **loro.**
4. Quelques particularités universitaires de ces deux grandes villes : à la faculté des lettres de Bologne, le **DAMS** (Dicipline Arte Musica Spettacolo) est le lieu d'exercice de nombreux écrivains, philosophes et sémiologues parmi lesquels **Umberto Eco** ; à Milan, l'université privée, **Luigi Bocconi**, école supérieure d'économie, de commerce et de langues, fondée en 1902, l'eldorado de la carrière assurée. Frais d'inscription : 7 millions de lires/an.
5. Ce **voi** équivaut à : *comme tout le monde sait...*

— Alors, voilà. Voilà, commença-t-il quand ils se furent assis, avec une sorte de gaucherie désinvolte et impatiente dont lui-même paraissait sourire. L'histoire est plutôt longue, je sais bien, mais, tout bien considéré, je ne crois pas qu'on puisse beaucoup la raccourcir. Alors, voilà... j'ai vingt-six ans (vingt-sept en août) et je suis étudiant en droit. Ou, pour mieux dire, je suis inscrit en droit pour une année qui très probablement sera la dernière...

— Comme mon fils, se prit-elle à commenter spontanément, disposée à écouter avec une sorte d'affectueuse et maternelle ironie.

— J'ai été étudiant à Bologne : deux ans. Vous savez comment c'est... et puis deux ans à Milan.

— Exactement comme mon fils, rappela-t-elle encore.

— Bien, dit en souriant le jeune homme qui se sentait gêné par ces rapprochements inattendus. Ce doit être nos seuls points communs. Voilà, et pour toute explication il montra son imperméable et ses chaussures, suggérant par là une autre misère sans doute plus profonde encore et plus intime que celle de sa tenue déjà pitoyable. Je ne peux pas croire qu'il soit plus mal en point que moi.

La femme changea de ton :

— Je voudrais moi aussi avoir la même certitude...

— Oh, je suis désolé, dit-il, comprenant obscurément que le fils devait être mort. Je suis désolé. Mais je ne crois pas pour autant devoir changer d'avis.

Et il attendit avec une impatience contenue que la vague d'émotion qu'avait suscitée en elle cette allusion se brisât, pour reprendre la conversation interrompue.

---

6. De **costa** : *côte* ; cf. *côte à côte*.
7. De **cenno** : *signe de la main* ou *de la tête* ; v. **accennare** : *faire signe, faire allusion*.
8. Indication de la possession : **questa cravatta è sua ma le scarpe sono mie ; invece gli indumenti erano tuoi**.
9. Voir n. 15, p. 29.
10. m. à m. *cela me déplaît*. Formule courante au sens très large.
11. v. **parere** : *paraître, sembler* ; **un parere** : *avis, opinion*.
12. *sage, rangée*.
13. L'imparfait du subjonctif est un temps régulier pour tous les verbes sauf essere : **fossi** ; dare : **dessi** ; stare : **stessi**. Rappel : concordance obligatoire entre temps de la principale et de la subordonnée.
14. v. **(inter)rompere** ; p.s. **ruppi**, p.p. **rotto**.

— Bene, rispose dopo qualche secondo[1]. Se fossi[2] solo un poco coerente, coerente tanto così[3], non dovrebbe importarmi niente di quello che lei potrà pensare di me. Invece, tra l'altro, ho anche la pretesa che lei mi stimi qualcosa. Si chiama esser stupidi, no ? (La signora non disse niente.) — Ieri l'altro[4], pensando al nostro incontro, avevo immaginato un mucchio di belle parole. Oh, ma anche vere, capisce. Per esempio, che l'uomo è sempre migliore delle[5] sue parole, e spesso anche delle[5] sue stesse azioni ; o qualcosa del genere. Qui però è un'altra cosa. Qui...

E accostò un poco la poltrona[6] a quella della signora, che alle ultime parole, si era messa ad ascoltarlo, non so se più attentamente, ma certo con una diversa attenzione.

— Qui io[7] voglio dirle[8] questo soltanto. Ho ventisette anni, ho lavorato, ho studiato, mi sono dato da fare[9]. E, in soprappiù, anche due anni di guerra. Ho fatto tutto quello che potevo fare, e qualche volta anche quello che non potevo. Anche quello che non potevo, sicuro, protestò lui alzando un poco la voce, come se lei avesse[2] obiettato qualcosa, o il suo viso avesse espresso[10] in qualche modo disapprovazione. So bene che quando si ha una casa del genere, delle poltrone così, e tutto il resto, è facile provare degli sdegni.

— Ma io[7] non provo nessuno sdegno, si scolpò lei. Ormai credo di non riuscire[11] a sdegnarmi nemmeno contro di me.

— Meglio così allora. È quello che cercavo : e sarà più facile per tutti e due, tagliò corto lo studente. E riprese : E non sono riuscito[12] a concludere[13] nulla. E continuando così riuscirò a concludere meno ancora.

---

1. △ **secondo** et **minuto** sont masculins.
2. Le **se** exprimant hypothèse ou supposition entraîne l'emploi du subj. imparfait qui correspond à un imparf. ou un cond. français ; **non hanno detto se venissero oggi o domani** : *ils n'ont pas dit s'ils (venaient) viendraient aujourd'hui ou demain.*
3. Voir n. 8, p. 66.
4. Même construction avec **domani l'altro** : *après-demain.*
5. Voir n. 4, p. 70.
6. Le mot vient peut-être de **poltrone** : *paresseux* (et rarement *poltron* qui se dit **vile, vigliacco**).
7. L'indication du pronom sujet, puisqu'elle n'est pas nécessaire, est une volonté d'insistance que reprendra la femme en écho.
8. Rappel : pronom compl. 3e pers. à la forme de politesse.

— Bien, reprit-il quelques secondes plus tard. Si j'étais cohérent, ne serait-ce qu'un tant soit peu, je devrais me moquer de ce que vous allez penser de moi. Au lieu de cela, je vais jusqu'à prétendre que vous ayez, entre autre, de l'estime pour moi. C'est ce qu'on appelle être stupide, non ? (La femme ne dit rien.) Avant-hier, en pensant à notre rencontre, j'avais imaginé un tas de belles paroles. Sincères, d'ailleurs, croyez-moi. Par exemple que l'homme est toujours meilleur que ses discours, et souvent même meilleur que ses actions ; ou quelque chose de ce genre. Mais à présent ce n'est plus pareil. À présent...

Et il rapprocha un peu son fauteuil de celui de la femme qui, à ces derniers mots, s'était mise à l'écouter, sinon plus attentivement, du moins avec une attention différente.

— Maintenant je veux vous dire simplement ceci. J'ai vingt-sept ans, j'ai travaillé, j'ai étudié, je me suis donné du mal. Et par-dessus le marché, deux années de guerre. J'ai fait tout mon possible et même parfois l'impossible. Oui, même l'impossible, protesta-t-il en élevant un peu la voix, comme si elle avait fait quelque objection ou exprimé sur son visage une quelconque désapprobation. Je sais bien que lorsqu'on a une maison comme la vôtre, des fauteuils de cette sorte et tout le reste, c'est facile de s'indigner.

— Mais je ne m'indigne pas, fit-elle pour se disculper. Je crois avoir perdu jusqu'à la faculté de m'indigner contre moi-même.

— C'est mieux ainsi. C'est ce que j'espérais : ce sera donc plus facile pour vous et moi, coupa court l'étudiant. Puis il reprit : et tout ça pour n'aboutir à rien. Et si je continue ainsi ce sera moins que rien.

---

9. **darsi da fare** : *se démener, se mettre en quatre...*
10. v. **esprimere** ; p.s. **espressi** ; p.p. **espresso** ; **l'espressione**.
11. Après tout v. exprimant la pensée, la dépendante se met à l'infinitif avec **di** : **le pareva di non capire più nulla ; spero di riuscire a convincerli ; non credo di sapergli spiegare**... si le sujet est le même pour les deux propositions.
12. **riuscire** est l'un de ces v. qui se conjuguent avec l'aux. *avoir* quand ils sont transitifs et avec l'aux. *être* quand ils sont intrans. : **lo studente ha riuscito un bel colpo perché è riuscito a commuovere la donna** ; id. **vivere, cambiare : sono vissuti a Roma e lì hanno vissuto straordinarie avventure ; avevano cambiato casa e da quel momento erano molto cambiati**.
13. *conclure* et donc *mener à bien*.

— Meno ancora ? chiese lei un poco stupita.

— Sì... meno ancora, meno ancora. Niente per qualcuno è già qualcosa. Ma adesso è bene tornare a noi due. Ecco : adesso sto per fare[1] qualcosa che può essere anche un'infamia, che tutti considereranno senz'altro[2] un'infamia.

Essa alzò istintivamente gli occhi su di lui.

— Un'infamia ? gli chiese.

— S...ì. Un'infamia, confermò lui con una lentezza scontenta guardandosi[3] le punte[3] delle scarpe. Badi[4] bene, però, che io non ho mosso[5] un dito per cercarla : anche se fosse stata la cosa più[6] comoda del mondo, non avrei mosso nemmeno un dito. Non pretendo che questo sia un gran merito : ma è la verità e gliela dico. Invece la... sì, l'infamia, si è presentata da sé[7] : mi è venuta a cercar lei[8] ; è la parola. Ha trovato il mio nome, la mia casa, la mia stanza : è venuta da me. Né piú né meno che questo : è venuta da me. E allora, se è così, la cosa cambia, mi sembra. Anche lei dovrà ammettere questo. Cose del genere non si sa mai da dove vengono[9] : e uno[10] potrebbe anche pensare che vengano[9] da molto in alto... Da molto in alto : chissà[11].

Essa[8], naturalmente, non poteva accettare che un'infamia venisse dall'alto (aveva anzi sempre creduto che non potesse venire che dal più basso di noi) : tutt'al più poteva arrivare ad ammettere che altri credesse[12] anche una cosa del genere. Ad ogni modo adesso era troppo inquieta per giudicare o pensare.

— Ciascuno, continuò intanto il giovane, ha la sua provvidenza. E per uno come me non credo ci sia un genere migliore di questo. Voglio dire che non credo di avere il diritto di gettarla fuori[13] dall'uscio[14].

---

1. Voir n. 2, p. 56.
2. **senz'altro !** : *certainement ! bien entendu ! d'accord !*
3. poss. remplacé par le pronom réfléchi ; voir n. 14, p. 37 ; **la punta delle dita, la punta del naso...**
4. ⚠ à la personne de politesse l'équivalent de l'impératif est une proposition au subj. : que Madame considère mais le **che Lei** est presque toujours sous-entendu ; voir p. 82 : **Ma parli !**
5. Voir n. 2, p. 70.
6. Pour le superlatif, voir n. 9, p. 11.
7. Même expression avec d'autres pronoms : **L'hai fatto da te il nodo della cravatta ? Certo, l'ho fatto da me.** Voir le bilingue *Nouvelles italiennes d'aujourd'hui* p. 122.
8. **l'infamia** devient une personne et a droit au pronom **lei** tandis que la femme est momentanément ravalée au rang des choses : **essa** (qu'on retrouvera p. 88 pour désigner la lettre ou la pluie).

— Moins que rien ? demanda-t-elle, un peu étonnée.

— Oui... moins que rien, moins que rien. Rien, pour certains, c'est déjà quelque chose. Mais à présent revenons à nos affaires. Voilà : à présent je m'apprête à faire quelque chose qui pourrait bien être une infamie, que tout le monde considérera sans aucun doute comme une infamie.

Instinctivement elle leva les yeux sur lui.

— Une infamie ? lui demanda-t-elle.

— Ou...i. Une infamie, confirma-t-il avec une lenteur maussade, en regardant le bout de ses chaussures. Je vous ferais remarquer cependant que je n'ai pas levé le petit doigt pour la trouver et que même s'il s'était agi de la chose du monde la plus facile, je n'aurais pas levé le petit doigt. Je ne prétends pas que ce soit là un grand mérite : mais c'est la vérité, voilà tout. En revanche cette... oui, cette infamie, s'est présentée d'elle-même ; c'est elle qui est venue me chercher ; c'est le mot. Elle a trouvé mon nom, ma maison, ma chambre : elle est venue chez moi. Ni plus ni moins, elle est venue chez moi. Et s'il en est ainsi, la chose à mon avis n'est donc plus la même. Vous devrez en convenir. Des choses de ce genre, on ne sait jamais d'où elles viennent ; on se demande même si elles ne viendraient pas de très haut... De très haut, allez savoir.

Naturellement elle ne pouvait accepter qu'une infamie vînt d'en haut (elle avait au contraire toujours cru qu'une infamie ne pouvait venir que du plus bas de l'être) ; tout au plus pouvait-elle aller jusqu'à admettre que d'autres croient une chose pareille. De toute façon elle était maintenant trop inquiète pour juger ou penser.

— Chacun de nous, poursuivit cependant le jeune homme, a sa providence. Et pour quelqu'un comme moi c'était dans le genre la providence rêvée. Je veux dire que je ne me sentais pas le droit de la mettre à la porte.

---

9. On attendait un subj. après **non si sa mai** mais en fait il n'y a plus de doute sur la venue de ces choses alors qu'il y en a un sur leur provenance : **uno potrebbe pensare che vengano da molto in alto.**

10. syn. **qualcuno**. Cf. le roman de **Pirandello**, *Uno, nessuno e centomila*, 1926, où le héros Vitangelo Moscarda succombe à un vrai délire sur sa propre identité depuis le jour où sa femme lui a fait remarquer une imperfection de son nez.

11. Une casuistique fruit des leçons de droit à l'université ?

12. **altri** est un singulier (voir le verbe) comme les pronoms démonstratifs **questi** et **quegli**, formes anciennes pour **questo** et **quello**.

13. **fuori** : *hors*, se combine avec plusieurs v. ; **buttare fuori, andare fuori, venire fuori**...

14. Exclusivement pour la porte qui permet de sortir d'un lieu.

— Ma parli ! disse vivamente lei. Che altro aspetta ?

— Bene, concluse [1] il giovane. Io dovevo prima di tutto dirle questo, perché lei si convinca [2] che non potevo fare che così.

— Ma che cosa le può importare la mia convinzione ?... Che cosa...

Il giovane estrasse [3] di tasca una lettera e la pose [4] sul tavolino.

— Qui, signora, c'è una lettera che deve interessarla moltissimo : e che adesso interessa altrettanto anche me. Quando lei ha venduto assieme ad altri mobili, quella scrivania, io ne ho trovato circa quaranta del genere, nascoste in un fascio [5] dentro il terzo cassetto [6] a sinistra [7]. Non le ho detto che è venuta a trovarmi ? Bene : voglio dire che la terza persona alla quale queste lettere importerebbero più ancora che a noi è... è suo marito [8]. E so bene che l'unica persona che non dovrebbe mai leggere queste lettere è proprio lui, e che lei farà di tutto perché lui continui [2] a credere che non siano mai state scritte. So perfino che lei qualche settimana fa [9] ha venduto una casa e che ne ha ricavato [10] anche abbastanza. Un altro magari avrebbe potuto guadagnarci di più [11], ma quello che lei ha preso è già sempre abbastanza.

La signora cominciava vagamente a capire : lo guardò inquieta e fece per [12] aprire la bocca. Ma lui la interruppe per concludere in fretta.

— Io penso che 150 000 lire risolverebbero molte cose anche a tutti e noi tre [13]. Perché adesso si tratta [14] di tutti e noi tre, questo è il fatto.

---

1. v. **concludere** ; p.s. **conclusi** ; p.p. **concluso** ; **la conclusione**.
2. **perché** + subj. = *pour que*.
3. v. **(es)trarre** ; p.s. **trassi** ; p.p. **tratto** ; voir n. 2, p. 34.
4. v. **porre (ponere)** et composés ; p.s. **posi** ; p.p. **posto**.
5. *faisceau, gerbe, liasse.* Proverbe : **fare di ogni erba un fascio**, *mettre tout dans le même sac.* **Fasci di combattimento** (*Faisceaux de combat*) : association politique fondée en 1919 par Mussolini, d'où le terme fascisme dont l'emblème sera **il fascio littorio** : *le faisceau des licteurs romains,* symbole de l'autorité consulaire.
6. D'où **cassettone** : *commode* (meuble formé de gros tiroirs).
7. ≠ **a destra**.

82

— Mais venez-en au fait ! dit-elle vivement. Qu'est-ce que vous attendez ?

— Bien, conclut le jeune homme. Mais il fallait d'abord que je vous dise tout cela pour vous convaincre que je ne pouvais pas ne pas agir comme je l'ai fait.

— Mais que vous importe ma conviction ?... Qu'est-ce que...

Le jeune homme tira de sa poche une lettre et la posa sur le guéridon.

— Il y a ici, madame, une lettre qui doit vous intéresser au plus haut point et qui désormais m'intéresse tout autant que vous. Quand vous avez vendu, en même temps que d'autres meubles, un certain écritoire, j'ai trouvé une quarantaine de ces lettres, dissimulées en liasse dans le troisième tiroir à gauche. Ne vous avais-je pas dit qu'elle est venue me chercher ? Bien : je voudrais dire que la troisième personne que ces lettres inté-resseraient peut-être plus encore que nous-mêmes est... votre mari. Je sais bien que la seule personne qui ne devrait jamais les lire, ces lettres, c'est précisément lui, et que vous ferez tout pour qu'il continue à croire qu'elles n'ont jamais été écrites. Je sais même que voici quelques semaines vous avez vendu une maison et que vous en avez tiré une jolie somme. On aurait pu, ma foi, en tirer davantage, mais c'est toujours ça de pris.

La femme commençait vaguement à comprendre : elle le regarda avec inquiétude et allait ouvrir la bouche quand il l'interrompit pour conclure brièvement.

— Je pense que 150 000 lires résoudraient bien des choses pour nous trois. Car maintenant il s'agit de nous trois, c'est un fait.

---

8. Rappel : emploi du poss. avec noms de parenté. Voir n. 3, p. 76.
9. Voir n. 7, p. 60.
10. **cavare** ou **scavare** : *creuser* ; **gli scavi archeologici** : *les fouilles* ; **cavo** : *creux* ; cf. *concave*.
11. *plus = davantage* : **di più** ; id. **di meno**. Voir p. 84, **avrei potuto chiederle di meno o di più**.
12. Contraction de **fare il gesto per... Il giovane faceva per alzarsi mentre lei faceva per trattenerlo**.
13. Souvenez-vous : **tutti(e) e due**.
14. Du v. **trattare** : *traiter* ; **trattare un argomento**.

Di nuovo la signora tentò di parlare : di nuovo lui l'interruppe.

— No, disse, mentre[1] s'alzava. Lei non deve dirmi nemmeno una parola. Tutto quello che lei potrebbe dirmi lo so : lo so già da qualche giorno : e credo anche d'essere d'accordo con lei. Sì, io sono d'accordo con lei. Ma tutto questo non può cambiar niente. Anche sulla cifra non c'è niente da dire : io avrei potuto chiederle di meno o di più. Invece le ho chiesto esattamente quello che spero mi basti[2] per non avere più bisogno di provvidenze del genere.

Ci fu un secondo di silenzio.

— Oggi è mercoledì, riprese lui. Sabato mattina alle nove, alle dieci, o anche più tardi, se più tardi può farle comodo[3], io tornerò con tutte le altre lettere.

Anche la signora si alzò, seguendolo[4] lentamente verso la porta. Qui il giovane si fermò[5] un momento per guardare un ritratto[6] sulla parete.

— Ecco, provò a dire lui con una voce un poco più dolce. Come vede, i miei punti di contatto con « lui » non andavano più in là[7] di due anni di università.

— « Lui » non è stato invitato da questa provvvidenza, rispose lei con ironia malinconica. Egli uscì.

— Ehi, ehi, disse il marito entrando in quel momento in salotto col suo libro aperto e venendole incontro[8]. Lo hai mandato via[9] con una faccia un po' scura[10], mi sembra.

— Dio mio, che brutta cravatta ! si limitò a dire lei con voce stanca, provandosi a rifargliene il nodo[11].

— Ehi, ehi. Brutto segno. Anna Karenina s'accorse di non amare[12] più suo marito quando trovò che aveva brutte orecchie, continuò egli[13] a scherzare[14].

---

1. Avez-vous noté ? *tandis que* : **mentre**.
2. Voici un subj. à valeur de conditionnel.
3. △ **fare comodo** ; **se ti fa comodo, tornerò più tardi**.
4. v. **seguire** ; **il seguito** : *la suite*.
5. ▲ ne pas confondre **fermare** : *arrêter* et **chiudere** : *fermer*.
6. **Botticelli dipinse diversi ritratti di Giuliano de'Medici, fratello di Lorenzo il Magnifico e nell'*Adorazione dei Magi* fece il proprio autoritratto.**
7. syn. **al di là**, **oltre** ; **fatti più in là** : *écarte-toi*.
8. L'italien préfère la forme faible à la forme forte du pronom : **sedendogli vicino** : *s'asseyant près de lui* ; **vienimi incontro** :

Elle essaya à nouveau de parler et à nouveau il l'interrompit.

— Non, dit-il tout en se levant. Ne dites rien. Tout ce que vous pourriez me dire, je le sais : je le sais déjà depuis quelques jours et je crois même que je suis d'accord avec vous. Oui, je suis d'accord avec vous. Mais tout cela ne peut rien changer. Sur la somme non plus il n'y a rien à dire : j'aurais pu vous demander moins ou davantage. Au lieu de cela je vous ai demandé exactement ce qui je l'espère devrait me suffire pour n'avoir plus besoin de providences de ce genre.

Il y eut un instant de silence.

— Aujourd'hui c'est mercredi, reprit-il. Samedi matin, à neuf heures, à dix heures, ou même plus tard si ça peut vous arranger, je reviendrai avec toutes les autres lettres.

La femme se leva à son tour, le suivant lentement vers la porte. Le jeune homme s'arrêta un moment pour regarder un portrait au mur.

— Eh oui, dit-il d'une voix qu'il tenta d'adoucir. Comme vous voyez, mes points communs avec « lui » se limitaient à deux années d'université.

— « Lui » n'a pas été invité par cette providence, répondit-elle avec une ironie mélancolique. Il sortit.

— Oh la la, dit le mari, entrant sur ces entrefaites dans le salon avec son livre ouvert et venant vers elle. J'ai l'impression que tu ne l'as pas congédié avec le sourire.

— Mon Dieu, quelle horrible cravate ! se borna-t-elle à dire d'une voix lasse en essayant de refaire son nœud.

— Aïe ! Aïe ! Mauvais signe. Anna Karénine s'est aperçue qu'elle n'aimait plus son mari quand elle a trouvé qu'il avait de vilaines oreilles, continua-t-il sur le ton de la plaisanterie.

---

    viens à ma rencontre ; **vi cammina dietro** : *il marche derrière vous* ; **vuole portarsela dietro** : *il veut l'emmener avec lui.*

9. Voir n. 11, p. 47. *Via col vento* : *Autant en emporte le vent.*

10. syn. **oscuro**, **buio** d'où **lo scuro**, **l'oscurità**, **il buio**.

11. m. à m. *s'essayant à lui en refaire le nœud* ; **gli** se soude à **ne** comme aux autres pronoms ; **gliene dissero di tutti i colori** ; voir n. 7, p. 44.

12. Pour la proposition infinitive voir n. 11, p. 79.

13. **egli** et **ella** les deux pronoms sujet 3ᵉ pers. sont de plus en plus souvent remplacés par **lui** et **lei**.

14. De **scherzo** : *blague, plaisanterie* ; **Scherzi !** Tu plaisantes !

— Ma tu le cravatte potresti anche cambiarle, cercò di rispondere lei nel medesimo tono.

Ma non ci riuscì. E non riuscì nemmeno a sorridere.

Solo più tardi, dopo aver letto[1] la lettera, essa ebbe[2] l'idea di ciò che quella visita di venti minuti nemmeno era stata veramente per lei. Né più né meno che questo : la rovina. Tutto, infatti[3], si era svolto[4] in maniera così strana e improvvisa, e il tono si era mantenuto fin quasi all'ultimo così familiare, che essa non era riuscita neppure a rendersene conto. E anche i fatti, del resto, a cui si riferiva quella lettera erano ormai così[5] lontani nel tempo da appartenere piuttosto ad un'altra vita di cui la presente non poteva essere, tutt'al più, che una memore[6] testimonianza.

Trent'anni prima, proprio in quel tempo che suo marito correva ogni mese a Livorno e commetteva discrete[7] pazzie[8] dietro una giovane donna, qualcuno si era innamorato[9] di lei. Costui[10], che aveva intelligenza e fortuna e sapeva di possedere l'una e l'altra, le aveva scritto bellissime lettere, in un tempo e in un ambiente[11] in cui questo era forse più importante della[12] stessa fortuna. Lei se ne era innamorata a sua volta e non aveva tardato a rispondere. Nient'altro. Non c'era stato[13] nient'altro. E adesso quella persona era un morto : e lei nient'altro che una vecchia che non ricordava[14] nemmeno il nome di chi le aveva scritto a quei tempi quel fascio di bellissime lettere. Ma, intanto, quel foglio era lì, sopra il tavolo. L'unica cosa a cui il tempo non aveva arrecato[15] distacco o innocenza era proprio quella pagina scritta.

---

1. v. **leggere** ; p.s. **lessi** ; p.p. **letto**.
2. p.s. irrég. v. **avere** : **ebbi, avesti, ebbe, avemmo, aveste, ebbero**.
3. △ **infatti** : *en effet* ; *en fait* : **in realtà, effettivamente**.
4. p.p. irrég. de **(s)volgere** et composés ; voir n. 15, p. 51 et 2, p. 74.
5. **così... da** : *au point de... à tel point que...*
6. Ancien ; *qui a conservé la mémoire.*
7. 1. *discret* ; 2. *modique* ; **un prezzo discreto** ; 3. *passable* ; **parla discretamente il francese e lo spagnolo**.
8. De **pazzo** : *fou* ; syn. **matto**. « La povera ragazza, è pazza amici miei... » Mozart, *Don Juan*.
9. Formé comme énamouré ; est aussi subst. **Contempla il ritratto dell'innamorato**. Verbe : **innamorarsi**.
10. Ce pronom démonstratif n'est plus beaucoup employé sinon avec

— Mais les cravates ça se change, essaya-t-elle de répondre sur le même ton.

Mais sans y parvenir. Et sans parvenir non plus à sourire.

Ce n'est que plus tard, après avoir lu la lettre, qu'elle réalisa ce qu'avait été réellement pour elle cette visite d'à peine vingt minutes : la ruine, ni plus ni moins. Tout s'était effectivement déroulé de manière si étrange et si soudaine, le ton de la conversation était resté presque jusqu'à la fin si anodin, qu'elle ne s'était vraiment pas rendu compte. D'ailleurs, les faits mêmes auxquels faisait référence cette lettre étaient tellement lointains qu'ils appartenaient plutôt à une autre vie, dont la vie présente pouvait être, tout au plus, un vestige de mémoire.

Trente ans auparavant, précisément à cette époque où son mari faisait chaque mois une escapade à Livourne et commettait certaines fredaines pour une jeune femme, quelqu'un s'était épris d'elle. Cet homme, doué d'intelligence et de fortune, et conscient de posséder l'une et l'autre chose, lui avait écrit de très belles lettres, en un temps et dans un milieu où cela était peut-être plus important que la fortune. Elle s'était éprise en retour et n'avait pas tardé à lui répondre. Rien d'autre. Il n'y avait rien eu d'autre. Et maintenant, lui était un mort, et elle, rien d'autre qu'une vieille femme qui ne se souvenait même pas du nom de celui qui lui avait écrit en ce temps-là cette liasse de très belles lettres. Mais, en attendant, le feuillet était là, sur la table. La seule chose à laquelle le temps n'avait conféré ni distance ni innocence, c'était justement cette page écrite.

---

un sens péjoratif. « **Carneade ! Chi era costui ?** » cette 1ʳᵉ phrase du ch. VIII des ***Promessi Sposi*** de **Manzoni** est quasiment devenue en Italie l'aphorisme de la perplexité.
11. Désigne aussi l'environnement ; **Ministero dei beni culturali ed ambientali** : *ministère de la Culture et de l'Environnement*.
12. Voir n. 4, p. 70 pour le superlatif.
13. **cosa c'è ?** *qu'est-ce qu'il y a ?* **cosa c'era stato ? cosa ci fu ?**
14. **un ricordo** : *un souvenir*.
15. v. (**ar**)**recare** ; plus littéraire que **portare**.

> *La donzelletta vien dalla campagna,*
> *in sul calar del sole,*
> *col suo fascio dell'erba ; e reca in mano*
> *un mazzolin di rose e di viole,...*

Leopardi (1798-1837), ***Il sabato del villaggio.***

Essa[1] era il presente, era vivo peccato : era una pietra di
trent'anni prima, conservatasi[2] per un ironico miracolo,
che veniva all'improvviso a cadere nel solitario lago della
loro vecchiaia.

« Dio mio[3], s'alzò la signora, scuotendo la testa. E anche
quei soldi sono troppi[4]. Son troppi : son troppi. E poi
bisognerà fare in modo che lui non s'accorga di niente... »
Era troppo[4] disperata per sdegnarsi di una menzogna[5], ma
troppo stanca per potervi ricorrere. Si mise ad ascoltare
la pioggia.

In quel momento essa[1] cominciò a scrosciare più forte :
e suo marito non ebbe nemmeno il tempo di entrare per
aiutarla ad abbassare le persiane, che essa era già un
temporale. Si bagnarono[6] abbastanza tutti e due. Poi
all'improvviso le luci si spensero[7]. Giù[8] nella strada si
sentirono grida[9] e risate[10].

Allora si misero a sedere[11] vicino.

— Credo che non abbiamo fatto un gran bene a vendere
la casa, disse lui dopo un poco. L'ironia era una specie di
difesa per lui e vi ricorreva spessissimo : ma adesso l'ora,
il buio e la pioggia la rendevano inutile.

— Oh, non vivremo così a lungo, rispose lei indovi-
nando[12] il suo pensiero.

— Beh, ma io non volevo dir questo, egli mentì.

— Io invece sì, disse lei con una dolcezza un po' amara.
Io invece volevo dire proprio questo.

— Tutta colpa della[13] pioggia, ribatté lui. Credo invece
che non abbiamo affatto[14] il diritto di lamentarci, e che
non sia neanche di ottimo gusto. Abbiamo saputo esser
giovani in gioventù e vecchi adesso : e non vedo chi
saprebbe dire altrettanto.

---

1. Ici **essa** est bien réservé, comme il devrait l'être, à des choses.
2. Le p.p. absolu remplace une proposition temporelle (*quand, une
fois que, ayant été...*) et exige lui aussi l'enclise du pronom :
sedutosi, egli parlò : *une fois assis, s'étant assis...*
3. Rappel : forme et place du possessif au vocatif.
4. **troppo** adj. ou adv. suit la même règle que **tanto, molto,
poco**...
5. Syn. plus commun : **bugia**. ▲ *bougie* : **candela**.
6. **il bagno** : *le bain, la salle de bains* ; **fare il bagno** : *prendre un
bain* différent de **bagnar(si)** : *(se) mouiller* ; **se non è zuppa è
pan bagnato** : *c'est blanc bonnet et bonnet blanc.*
7. v. **spegnere (spengere)** ; **spensi** ; **spento** ; ≠ **accendere**.
8. **giù** ≠ **sù** se combinent aussi avec le v. pour en modifier le sens :
portare giù, tirare sù, mettere giù, venire sù ; tirare sù col

Une page qui était le présent, le péché vivant ; une pierre de trente années en arrière, qu'une ironie miraculeuse avait conservée et qui sans crier gare venait tomber dans le lac solitaire de leur vieillesse.

« Mon Dieu ! — la femme se leva en hochant la tête. Et tout cet argent, c'est trop. C'est beaucoup trop. Et comment faire pour qu'il ne s'aperçoive de rien... » Elle était trop désespérée pour s'offusquer d'un mensonge, mais trop lasse pour y recourir. Elle se mit à écouter la pluie.

À ce moment-là l'averse redoubla ; son mari était tout juste entré pour l'aider à rabattre les persiennes que déjà c'était l'orage. Ils furent l'un et l'autre trempés. Puis soudain la lumière s'éteignit. En bas, dans la rue, on entendit des cris et des rires.

Alors ils s'assirent côte à côte.

— Je ne sais pas si nous avons eu raison de vendre la maison, dit-il au bout d'un instant. L'ironie était chez lui comme une manière de défense à quoi il avait fréquemment recours ; mais, à présent, l'heure, l'obscurité et la pluie la rendaient inutile.

— Oh, il ne nous reste pas tellement d'années à vivre, répondit-elle, devinant sa pensée.

— Sait-on jamais, mais je ne voulais pas dire cela, mentit-il.

— Moi si, dit-elle avec une douceur un peu amère. Moi, c'est ce que je voulais dire.

— Tout ça c'est la faute de la pluie, répliqua-t-il. Je crois pourtant que nous n'avons nullement le droit de nous plaindre et que d'ailleurs ce ne serait pas de très bon goût. Nous avons su être jeunes dans notre jeunesse, et vieux maintenant : tout le monde ne pourrait pas en dire autant.

---

naso : *renifler* ; **laggiù** : *là-bas* ; **lassù** : *là-haut* ; **su per giù** : *à peu près*.

9. Plur. irrég. en **a** quand les cris forment un ensemble indistinct ; on aurait de la même façon **le risa**, **le urla**.

10. Pour des raisons de sonorité d'Arzo a préféré **riso** + suff. **-ata**.

11. En principe ! **sedere** : *être assis* ; **il padre sedeva a capo tavola** ; **mettersi a sedere** : *s'asseoir* ; **la madre non si metteva mai a sedere**.

12. Dans l'*Enfer* de **Dante**, gli indovini (*devins*), pour avoir voulu lire dans l'avenir, sont condamnés selon la loi du talion (*contrappasso*) à ne pouvoir regarder qu'en arrière.

13. △ avec les poss. : **è colpa mia** ; **non fu colpa loro ma colpa tua**.

14. **affatto** renforce l'affirmation (*tout à fait*) ou la négation (*pas du tout*) ; **sono affatto seri e non scherzano affatto**.

E ti voglio dire anche una cosa. Quando Riccardo morí, io pensai[1] che non ci sarebbe mai potuto essere[2] al mondo ingiustizia più grande... Mi sembrò sul momento che il fatto andasse contro lo stesso ordine delle cose. E adesso, invece, sono convinto che la sua morte abbia[3] seguito proprio un certo ordine ch'io non riesco a spiegare, ma che ci deve pur[4] essere... E con tutto il rimpianto[5] che ho per lui, credo che la sua vita non avrebbe resa così unita la nostra. Credo che abbia contribuito anche lui a questo nostro capolavoro. Sul serio[6].

[Lei se ne stette[7] in silenzio.

— Sono cose che si dicono al buio, mi sembra, disse poi, dopo un poco.

— Naturale, naturale. E il buio ci vuole[8] anche per questo. E già che[9] la luce non torna voglio dirtene un'altra : che la vita di due vecchi vale mille[10] volte di più di quella di due giovani. Mille volte di più. Senza nemmeno un confronto.

— Può anche darsi[11] : non dico. Ma non l'ho mai sentito dire da nessuno.

— Ma perché nessuno ci ascolta, egli disse. E perché ormai abbiamo abbastanza buon senso che non c'importa più niente che gli altri ci credano o no.

Ci fu un altro minuto di silenzio.

— Sì, penso anch'io che il buio qualche volta ci voglia[8], ammise[12] alfine lei, benché un poco esitando. E allora anch'io voglio dirti una cosa. Credo che sia molto importante per te, per me e per quello che hai detto prima... Importante.

Egli accostò un po' la sua seggiola. Lei si inclinò verso di lui. In quel momento la luce tornò[13].

---

1. Beaucoup plus souvent que le français, l'italien fait usage du passé simple pour les actions passées de brève durée. C'est pourquoi nous insistons sur ce temps souvent irrég.
2. Cette expression peut vous sembler compliquée ; **ci può essere** : *il peut y avoir (y être)* ; **ci sarebbe potuto essere** puisque **essere** se conjugue avec lui-même : *il aurait pu y avoir*.
3. Subjonctif de **avere** : **abbia, abbia, abbia, abbiamo, abbiate, abbiano**.
4. 1. *pourtant* ; **eppur si muove** ! *et pourtant elle tourne !* dit Galilée ; 2. *aussi* ; **lui pure fu condannato dalla Chiesa** : *lui aussi fut condamné par l'Église*.
5. De **piangere** : *pleurer* ; regret d'une chose perdue et non d'une faute qui serait **rimorso, rammarico, pentimento**.
6. **fare sul serio** : *pour de bon, sans plaisanter*.

Je voudrais te dire une autre chose. Quand Riccardo mourut, je pensai que jamais il ne pourrait y avoir au monde injustice plus grande... Il me sembla sur le moment que cette mort allait à l'encontre de l'ordre même des choses. Alors que maintenant je suis convaincu que sa mort était précisément conforme à un certain ordre que je ne parviens pas à expliquer, mais qui doit bien exister... Et, malgré tout le regret que j'ai de sa perte, je crois que jamais sa vie n'aurait à ce point soudé la nôtre. Je crois qu'il a contribué pour sa part à notre chef-d'œuvre. Vraiment.

Elle demeura en silence.

— Ce sont des choses qu'on dit dans l'obscurité, dit-elle un peu plus tard.

— Bien sûr, bien sûr. L'obscurité, c'est aussi fait pour ça. Et puisque la lumière ne revient pas, je vais te dire encore une chose : que la vie de deux vieux vaut cent fois plus que la vie de deux jeunes. Cent fois plus. Il n'y a pas de comparaison.

— Peut-être bien, je ne dis pas. Mais je n'ai jamais entendu personne dire ça.

— C'est parce que personne ne nous écoute, dit-il. Et aussi parce que maintenant nous avons suffisamment de bon sens et que ça nous est bien égal que les gens nous croient ou ne nous croient pas.

Il y eut un autre instant de silence.

— Oui, je pense moi aussi que l'obscurité, parfois, c'est utile, admit-elle enfin, non sans quelque hésitation. Alors moi aussi je veux te dire quelque chose. Je crois que c'est très important pour toi, pour moi et pour ce que tu viens de dire... Important.

Il rapprocha un peu sa chaise. Elle se pencha vers lui. À ce moment-là, la lumière revint.

---

7. p.s. irrég. de **stare** : **stetti, stesti, stette, stemmo, steste, stettero**. Les v. en **-are** sont réguliers à tous les temps sauf **andare, dare, stare** ; **andare** vu p. 62 ; **dare** : **do, dai, dà, diamo, date, danno** ; **stare** : **sto, stai, sta, stiamo, state, stanno**.
8. Rappel : traduction de *il faut* devant un substantif ; voir n. 6, p. 44. À propos de la forme **voglia**, souvenez-vous que le prés. du subj. se forme sur la 1ʳᵉ pers. du prés. indicatif : **voglio, voglia**.
9. Ou **giacché** : *puisque, étant donné que...*
10. L'italien est hyperbolique !
11. **può darsi** : *cela peut se faire (se donner)* ; plus courant : *peut-être*. **Può darsi che vivano ancora dieci anni.**
12. Voir n. 12, p. 19, valable pour composés (**am)mettere, (sotto) mettere, (com)mettere...**
13. ⚠ **tornare** : *revenir* ; **girare, volgere** : *tourner*.

— Credo anch'io che[1] abbiamo fatto male a vender la casa, – si limitò a dire lei.

Per quella sera tutto era finito. Si alzarono.]

Più tardi, però essa aspettò che il marito si fosse addormentato[2] per scrivergli questo.

Caro,

quello che tu hai detto oggi, quando è venuta a mancare la luce, è la cosa più vera[3] che mi sia mai sentita dire da te e vorrei quasi ringraziare il temporale che ha voluta permetterla. Anch'io volevo dirti qualcosa, e stavo già per aprir bocca quando il buio è finito ; così che non trovo mezzo migliore che scriverti. È l'una e un quarto : e tu stai dormendo da un'ora[4].

Qui leggerai una lettera che ti darà molto dolore : ti darà tutto il dolore di cui, alla nostra età, siamo ancora capaci : e sabato mattina, verso le nove o le dieci, quel giovane che è venuto oggi a trovarmi e sul quale hai anche un poco scherzato, te ne porterà un fascio intero.

Avrei potuto evitarti questo dolore, consegnando[5] al giovane lire 150 000[6] : un terzo di quello che ci ha procurato la vendita della nostra povera casa. Così tu avresti potuto continuare a pensare che la vita di noi due[7] fosse davvero quel capolavoro che hai detto e che anche la fine del nostro Riccardo vi avesse contribuito. Pensa : il tuo dolore ed il mio, e poi una certa malinconia e freddezza[8] fra noi forse fino all'ultimo giorno, per la somma che uno dei nostri vecchi fattori[9] potrebbe guadagnare in quindici giorni nemmeno.

---

1. Ici pas de proposition infinitive car les sujets des deux propositions sont différents.
2. v. **dormire** d'où **addormentar(si)**. *La Bella Addormentata nel bosco* : *La belle au bois dormant.*
3. Voir n. 9, p. 11.
4. Nous avons dû tricher car le mot à mo* aurait été ambigu.
5. v. **consegnare** : *livrer, remettre.* ▲ *la consigne* : **il deposito bagagli.**
6. Formule administrative, signe d'un calcul ou d'un raisonnement à froid ?
7. Plus fort bien entendu que **la nostra vita.**

— Moi aussi je crois que nous avons eu tort de vendre la maison, se contenta-t-elle de dire.

Pour ce soir-là tout était fini. Ils se levèrent.

Plus tard, cependant, elle attendit que son mari fût endormi pour lui écrire ceci.

Très cher,

ce que tu as dit aujourd'hui, quand la lumière s'est éteinte, est la chose la plus vraie que tu m'aies jamais dite et je voudrais presque remercier l'orage d'avoir permis cela. Moi aussi je voulais te dire quelque chose et j'allais le faire quand la lumière est revenue ; si bien que la meilleure façon me paraît être de t'écrire. Il est une heure et quart, et voilà une heure que tu dors.

Cette lettre que tu liras va t'apporter une grande douleur : toute la douleur qu'à notre âge, nous sommes encore capables de ressentir. Samedi matin, vers neuf heures ou dix heures, le jeune homme qui est venu aujourd'hui me trouver et pour lequel tu m'as un peu taquinée, t'apportera tout un paquet de ces lettres.

J'aurais pu t'éviter cette douleur en remettant à ce jeune homme 150 000 lires, autrement dit un tiers de ce que nous a rapporté la vente de notre pauvre maison. Ainsi tu aurais pu continuer à penser que notre vie à tous deux était véritablement ce chef-d'œuvre que tu as dit et à quoi la perte de notre Riccardo avait contribué. Imagine : ta douleur et la mienne, et puis une certaine mélancolie et froideur entre nous, jusqu'au dernier jour peut-être, pour une somme qu'un de nos vieux fermiers pourrait gagner en quinze jours à peine.

---

8. **-ezza**, un des suff. indiquant l'état : **giovinezza**, **grandezza**, **lunghezza**, **magrezza**, **fierezza**... ; un autre très courant : **povertà**, **generosità**, **felicità**... entre autres.

9. Du verbe **fare** ; fém. **fattoressa** ; **la fattoria** : *la ferme*. Ne pas confondre avec **il postino** : *le préposé des P. et T.* Proverbe : **Fattor nuovo, tre dì buono**, *Ferveur de novice ne dure pas*. Profitons-en pour expliquer ce **dì** (du latin *diem*) forme ancienne de giorno (*diurnum*) qu'on retrouve dans les noms des jours : **lunedì**, **martedì**, **mercoledì**, **giovedì**, **venerdì**. On entendra parfois : **Buon dì !** pour **Buongiorno !**

93

Come valiamo[1] poco, dirai ! I giovani si offenderebbero[2] per molto meno, so bene : ed io non mi sentirei certo di dar loro[3] torto. Ma noi, il mio[4] povero Enrico, abbiamo più di sessant'anni e siamo soli : oggi ho dovuto convincermi che l'essere[5] o il considerarsi[5] felici è un lusso che ormai non ci possiamo permettere più : così come[6] la dignità di una volta, la fierezza e tante altre cose di quel tempo. Noi abbiamo tre, quattro anni da vivere ancora : forse — Dio non voglia[7] — anche cinque : e ho pensato che per noi non c'era altro dovere che questo : di potere aspettare, giorno per giorno, la fine.

Io so bene, ti dico, che l'amarezza più grande non ti verrà tanto[8] dal dolore in se stesso, quanto dal constatare che la tua felicità è stata valutata[9] così miseramente : assai meno di quei regali che più di una volta mi hai fatto in passato, senza nemmeno pensare che fossero qualcosa di più di[10] una gentile sciocchezza[11].

Tutto ciò è triste, povero Enrico : tutto ciò è così triste ch'io non riesco a trovare nessuna parola di speranza o di scusa. Sono le due e dormi ancora. Hai il respiro piuttosto pesante. E non sai ancora niente.

Giovanna

---

1. **valere** irrég. présent : **valgo**, **vali**, **vale**, **valiamo**, **valete**, **valgono** ; △ 1. même irrég. à la première et dernière personne ; 2. deuxième personne du pluriel toujours régulière (sauf **dite**, **fate**...). Remarques valables pour quasiment tous les verbes irrég. au présent.
2. Parfois tout simplement *vexer*.
3. Rappel : **loro** se place toujours après le v. sans enclise.
4. On attendrait plutôt : **povero mio Enrico !**
5. Pratiquement tous les infinitifs peuvent être transformés en substantifs ; **fra il dire e il fare c'è di mezzo il mare**.
6. Renforcement du **come**.
7. m. à m. *que Dieu ne veuille pas* (**che** étant sous-entendu).

94

Comme nous valons peu, diras-tu ! Les jeunes s'offusqueraient pour beaucoup moins que cela, je le sais, et je ne saurais leur donner tort. Mais nous, mon pauvre Enrico, nous avons plus de soixante ans et nous sommes seuls : aujourd'hui il m'a fallu me convaincre qu'être ou se considérer heureux est un luxe que nous ne pouvons plus désormais nous permettre ; pas plus que la dignité d'autrefois, la fierté et tant d'autres choses de ce temps-là. Nous avons trois, quatre ans à vivre encore, peut-être même — Dieu nous en garde — cinq ; et j'ai pensé que nous n'avions pas d'autre devoir que d'attendre, jour après jour, la fin.

Je sais bien, comme je t'ai dit, que ce n'est point tant la douleur en elle-même qui te donnera le plus d'amertume que de devoir constater à quelle aune misérable a été mesuré ton bonheur : pas même celle des cadeaux que souvent tu m'as offerts dans le passé, sans jamais penser qu'ils fussent autre chose que de gentils colifichets.

Tout cela est triste, mon pauvre Enrico, tout cela est tellement triste que je ne parviens pas à trouver le moindre mot d'espoir ou d'excuse. Il est deux heures et tu dors encore. Ton souffle est plutôt lourd. Et tu ne sais rien encore.

Giovanna

---

8. △ **tanto... quanto** ou **così... come**, comparatif d'égalité ; **la situazione non è tanto drammatica quanto sembra** (ou **sembri**) **perché lui è così perspicace come lei** : *la situation n'est pas aussi dramatique qu'il paraît car il est aussi perspicace qu'elle.*
9. v. **valutare** ; **una valuta** (banque) : *une valeur* ; **le valute estere** : *les valeurs étrangères.*
10. Voir n. 4, p. 70, pour le superlatif.
11. De **sciocco** : 1. *qui manque de sel, fade* ; 2. fig. *qui manque de consistance, de bon sens, sot.*

• Cette histoire touchante et cruelle est bien dans le ton de Henry James, l'auteur préféré de Silvio d'Arzo.

Elio VITTORINI
(1908-1966)

Nome e lacrime
Un nom et des larmes [1]

Né à Syracuse en 1908, mort à Milan en 1966, Vittorini est un Sicilien « émigré ». Aujourd'hui encore il est l'objet de vives controverses car difficile à cerner et plus encore à classer ; à la fois autodidacte (études techniques et ouvrier de chantier) et inventeur d'une langue sophistiquée, à la limite du maniérisme, où le réel est transfiguré par le symbole ; antifasciste et longtemps communiste mais ayant rêvé de collaboration avec le fascisme avant de le combattre et s'étant séparé du communisme en créant en 1945 la revue *Il Politecnico* qui faisait éclater les théories marxistes ; utilisant en somme, pour un combat politique, des armes littéraires neuves et déroutantes.

Esprit curieux et novateur, se refusant à une littérature étroitement nationaliste, il fait connaître en les traduisant des auteurs américains tels que Faulkner, Steinbeck, Saroyan, Defoe, D.-H. Lawrence ; il découvre de jeunes écrivains qu'il publie dans la collection I Gettoni de Einaudi ; il dirige avec Calvino la revue *Il Menabò*.

Il écrivit essentiellement des romans parmi lesquels : **Piccola borghesia**, 1931 (*Les petits bourgeois*) : **Il garofano rosso**, 1933 (*L'œillet rouge*) ; **Conversazione in Sicilia**, 1938 (*Conversation en Sicile*) ; **Uomini e no**, 1945 (*Les hommes et les autres*) ; **Le donne di Messina**, 1949 (*Les femmes de Messine*) ; mais aussi des articles et des essais rassemblés dans **Diario in pubblico**, 1957 (*Journal en public*) qui éclaire souvent d'apparentes contradictions de l'écrivain.

Sa destinée le rapproche d'un autre écrivain atypique, Cesare Pavese (1908-1950).

Io scrivevo sulla ghiaia del giardino e già era buio ; da un pezzo [2] con le luci accese [3] a tutte le finestre.

Passò il guardiano.

— Che scrivete [4] ? mi chiese.

— Una parola, risposi.

Egli si chinò a guardare, ma non vide.

— Che parola è ? chiese di nuovo.

— Bene [5], dissi io. È un nome.

Egli agitò le sue chiavi.

— Niente viva ? Niente abbasso [6] ?

— Oh no ! io esclamai.

E risi [7] anche.

— È un nome di persona, dissi [8].

— Di una persona che aspettate ?, egli chiese [8].

— Sì, io risposi. L'aspetto.

Il guardiano allora si allontanò, e io ripresi a [9] scrivere. Scrissi [10] e incontrai la terra sotto la ghiaia, e scavai, e scrissi, e la notte fu più nera [11].

Ritornò il guardiano.

— Ancora scrivete ? disse [12].

— Sì, dissi io. Ho scritto un altro poco.

— Che altro avete scritto ? egli chiese.

— Niente d'altro, io risposi. Nient'altro che quella parola [13].

— Come ? il guardiano gridò. Nient'altro che quel nome [13] ?

---

1. Plus que pour toute autre nouvelle, nous vous conseillons de lire celle-ci une première fois, sans vous référer aux notes, car son intérêt réside essentiellement dans l'écriture très fortement marquée par la langue anglo-saxonne dont Vittorini était un grand lecteur et un fécond traducteur.
2. Abréviation de : **da un pezzo di tempo** ; cf. *un bout de temps*.
3. v. **accendere** ; p.s. **accesi** ; p.p. **acceso** ; ≠ **spegnere** n. 7, p. 88.
4. L'indice qui permet de situer le texte à l'époque du fascisme, lequel avait banni l'emploi du **Lei** (pers. de politesse) jugé trop bourgeois et intellectuel pour lui substituer le **Voi** plus populaire et viril. On se souvient à ce propos d'une scène du film de **Ettore Scola**, *Una giornata particolare* (1977).
5. Comme la suite le montrera il faut prendre ce terme dans son sens moral ; il deviendra même « **un nome di persona** », la femme inaccessible, le Bien perdu.

J'écrivais sur le gravier du jardin et déjà il faisait nuit ; depuis longtemps déjà, et les lumières allumées à toutes les fenêtres.

Le gardien passa.

— Vous écrivez quoi ? me demanda-t-il.

— Un mot, je répondis.

Il se pencha pour regarder, mais il ne vit pas.

— C'est quel mot ? demanda-t-il encore.

— C'est BIEN, dis-je. C'est un nom.

Il agita ses clés.

— C'est pas vive ? C'est pas à bas ?

— Oh non ! m'écriai-je.

Et je ris même.

— C'est un nom de personne, dis-je.

— D'une personne que vous attendez ? demanda-t-il.

— Oui, répondis-je. Je l'attends.

Le gardien alors s'éloigna, et je me remis à écrire. J'écrivis et je rencontrai la terre sous le gravier, et je creusai, et j'écrivis, et la nuit fut plus noire.

Le gardien revint.

— Vous écrivez encore ? dit-il.

— Oui, dis-je. J'ai écrit encore un peu.

— Qu'est-ce que vous avez écrit d'autre ? demanda-t-il.

— Rien d'autre, répondis-je. Rien d'autre que ce mot.

— Comment ? cria le gardien. Rien d'autre que ce nom ?

---

6. Dans le contexte politique toute expression d'une opinion est suspecte ; le gardien de l'ordre fasciste y veille et le cliquetis de ses clés résonne de façon sinistre.

7. v. **ridere** ; p.s. **risi** ; p.p. **riso** ; **il riso**.

8. Ce rejet constant du v. est un véritable anglicisme.

9. Voir n. 7, p. 12 et n. 17, p. 59.

10. v. **scrivere** ; p.s. **scrissi** ; p.p. **scritto** ; **uno scritto**.

11. Cette nuit est elle aussi à entendre au sens métaphorique.

12. La grande défiance du régime envers les intellectuels !

13. Alors que Vittorini suggère que **bene** n'est pas seulement un nom mais aussi un mot (un concept), le gardien prudent et borné s'en tient à la première définition.

E di nuovo agitò le sue chiavi, accese la sua lanterna per guardare[1].

— Vedo, disse. Non è altro che quel nome.

Alzò la lanterna e mi guardò in faccia[2].

— L'ho scritto più profondo, spiegai io.

— Ah così ? egli disse a questo. Se volete continuare vi dò una zappa[3].

— Datemela[4], risposi io.

Il guardiano mi diede[5] la zappa, poi di nuovo si allontanò, e con la zappa io scavai e scrissi il nome sino a molto profondo nella terra[6]. L'avrei scritto, invero[7], sino al[8] carbone e al ferro, sino ai più segreti metalli che sono nomi antichi. Ma il guardiano tornò ancora una volta e disse :

— Ora dovete andarvene. Qui si chiude.

Io uscii dalle fosse[9] del nome.

— Va bene, risposi.

Posai la zappa, e mi asciugai[10] la fronte, guardai la città intorno a me, di là[11] dagli alberi oscuri.

— Va bene, dissi. Va bene.

Il guardiano sogghignò[12].

— Non è venuta, eh ?

— Non è venuta, dissi io.

Ma subito dopo chiesi :

— Chi non è venuta ?

---

1. On soupçonne, on épie.
2. Expression qu'on retrouve identique en français.
3. **darsi la zappa sui piedi** : *donner des verges pour se faire battre*.
4. Rappel : enclise des pronoms à l'impératif.
5. v. **dare** irrég. au p.s. ; deux formes possibles : **diedi, desti, diede, demmo, deste, diedero**... ou **detti, desti, dette**... moins courant.
6. **Gianfranco Contini** fait un rapprochement pertinent avec le poème de **Paul Éluard**, *Liberté*, paru en 1942, pendant l'occupation allemande, dans le recueil *Poésie et vérité* : *Sur mes cahiers d'écolier / Sur mon pupitre et les arbres / Sur le sable sur la neige / J'écris ton nom...*
7. mot recherché.

100

Et à nouveau il agita ses clés et alluma sa lanterne pour regarder.

— Je vois, dit-il. C'est rien d'autre que ce nom.

Il leva sa lanterne et me dévisagea.

— Je l'ai écrit plus profond, expliquai-je.

— Ah bon ? dit-il là-dessus. Si vous voulez continuer, je vous donne une pioche.

— Donnez-la-moi, répondis-je.

Le gardien me donna la pioche, puis à nouveau il s'éloigna, et avec la pioche je creusai et j'écrivis le nom très profond dans la terre. Je l'aurais écrit, en vérité, jusqu'au charbon et jusqu'au fer, jusqu'aux métaux les plus secrets qui sont des noms antiques. Mais le gardien revint une fois encore et dit :

— Maintenant il faut vous en aller. Ici on ferme.

Alors je sortis de la tranchée de ce nom.

— Bon, répondis-je.

Je posai la pioche et je m'essuyai le front, je regardai la ville autour de moi, par-delà les arbres sombres.

— Bon, dis-je. Bon.

Le gardien ricana.

— Elle n'est pas venue, hein ?

— Elle n'est pas venue, dis-je.

Mais aussitôt je demandai :

— Qui n'est pas venue ?

---

8. syn. **fino a**.
9. **Vittorini** ne pouvait pas savoir que ce mot évoquerait immanquablement pour nous les **Fosse Ardeatine**, cette carrière près des Catacombes de Saint Callixte à Rome, où, le 24 mars 1944, les SS massacrèrent 335 otages en représailles d'un attentat qui avait coûté la vie à 32 soldats allemands. **Corrado Govoni** a écrit plusieurs poésies sur la mort de son fils aux **Fosse Ardeatine**.
10. Le v. **asciugare** a une forme contractée de son p.p. **asciugato** : **asciutto**, d'où la **pastasciutta**, les pâtes qui ont été égouttées et se servent avec une sauce en opposition à la **pasta in brodo**, petites pâtes servies dans une assiette de bouillon.
11. Voir n. 7, p. 84.
12. **il sogghigno** ou plus couramment **il ghigno** : *ricanement, rictus.*

Il guardiano alzò la sua lanterna a guardarmi in faccia come prima.

— La persona che aspettavate, disse.

— Sì, dissi io, non è venuta.

Ma, di nuovo, subito dopo, chiesi :

— Quale persona ?

— Diamine [1] ! il guardiano disse. La persona del nome.

E agitò la sua lanterna, agitò le sue chiavi, soggiunse [2] :

— Se volete aspettare ancora un poco, non fate complimenti [3].

— Non è questo che conta, dissi io. Grazie.

Ma non me ne andai, rimasi [4], e il guardiano rimase [4] con me, come a tenermi compagnia.

— Bella notte ! disse.

— Bella, dissi io.

Quindi [5] egli fece qualche passo, con la sua lanterna in mano, verso gli alberi.

— Ma, disse, siete sicuro che non sia là ?

Io sapevo che non poteva venire, pure [6] trasalii.

— Dove ? dissi sottovoce [7].

— Là, il guardiano disse. Seduta sulla panca [8].

Foglie, a queste parole, si mossero [9] ; una donna si alzò dal buio e cominciò a camminare sulla ghiaia. Io chiusi gli occhi per [10] il suono dei suoi passi.

---

1. Exclamation familière, euphémisme de **diavolo** : *diable*.
2. syn. de **aggiungere** ; mêmes irrég. que **giungere** ; voir n. 7, p. 50.
3. **complimenti** est pris ici dans le sens de *manières, embarras*. S'il avait employé le **Lei** il aurait dit : **non faccia complimenti**.
4. p.s. irrég. de **rimanere** = **restare** ; p.p. **rimasto**.
5. Deux sens : 1. **dopo, poi** ; 2. **dunque**.
6. Voir n. 4, p. 90.
7. **sotto** se combine avec de nombreux subst., adj. ou verbes : **sottomano, sottoscala, sottosuolo, sottopassaggio, sottocutaneo, sottomettere, sottolineare**...
8. Ou **panchina**, à ne pas confondre avec **il banco** : *comptoir, établi* ou **la banca** (**il banco**) : *la banque*.
9. Voir n. 2, p. 70.

Le gardien leva sa lanterne pour me dévisager comme tout à l'heure.

— La personne que vous attendiez, dit-il.

— Oui, dis-je, elle n'est pas venue.

Mais aussitôt je demandai encore :

— Qui ça « elle »?

— Diantre ! le gardien dit. La personne du nom.

Et il agita sa lanterne, il agita ses clés, il ajouta :

— Si vous voulez attendre encore un peu, ne vous gênez pas !

— Ce n'est pas le plus important, dis-je. Merci.

Mais je ne partis pas, je restai là, et le gardien resta avec moi comme pour me tenir comapgnie.

— Belle nuit ! dit-il.

— Belle ! dis-je.

Puis il fit quelques pas, sa lanterne à la main, vers les arbres.

— Mais, dit-il, vous êtes sûr qu'elle n'est pas là ?

Je savais qu'elle ne pouvait pas venir, pourtant je sursautai.

— Où ? dis-je à mi-voix.

— Là, le gardien dit. Assise sur le banc.

Des feuilles, à ces mots, bougèrent ; une femme se leva dans l'obscurité et se mit à marcher sur le gravier. Je fermai les yeux, pour le bruit de ses pas.

---

10. Ce **per** est ambigu car il pourrait vouloir dire aussi bien *pour* que *à cause de...*

• Nous voudrions citer quelques films (dont certains disponibles en cassettes VHS ou DVD) évoquant le fascisme et des épisodes de la Résistance : *Roma città aperta* de **Rossellini**, 1945 ; *Paisà* de **Rossellini**, 1946 ; *Cronache di poveri amanti* (tiré du roman de **Pratolini**) de **Lizzani**, 1953 ; *Il terrorista* de **Gianfranco de Bosio**, 1964 ; *Il conformista* (tiré du roman de **Moravia**) de **Bertolucci**, 1970 ; *Il giardino dei Finzi-Contini* (tiré du roman de **Bassani**) de **De Sica**, 1970 ; *La villeggiatura* de **Marco Leto**, 1973 ; *Amarcord* de **Fellini**, 1973 ; *Novecento* de **Bertolucci**, 1976 ; *Cristo si è fermato a Eboli* (du roman de **C. Levi**) de **Rosi**, 1979 ; *Fontamara* (tiré du roman de **I. Silone**) de **Lizzani**, 1980.

— Era venuta, eh ? disse il guardiano.

Senza rispondergli io m'avviai[1] dietro a quella donna.

— Si chiude, il guardiano gridò. Si chiude.

Gridando « si chiude » si allontanò tra gli alberi.

[Io andai dietro alla donna fuori dal giardino, e poi per le strade della città.

La seguii dietro a quello ch'era stato il suono dei suoi passi sulla ghiaia. Posso dire anzi[2] : guidato dal ricordo dei suoi passi. E fu un camminare[3] lungo, un seguire[3] lungo, ora[4] nella folla e ora[4] per marciapiedi solitarii fino a che[5], per la prima volta, non alzai gli occhi e la vidi[6], una passante, nella luce dell'ultimo negozio.

Vidi i suoi capelli, invero. Ed ebbi paura di perderla, cominciai a correre.

La città, a quelle latitudini, si alternava in prati e alte case, Campi di Marte oscuri e fiere[7] di lumi, con l'occhio rosso del gasogeno al fondo. Domandai più[8] volte : « È passata di qua ? »

Tutti mi rispondevano di non sapere[9].

Ma una bambina beffarda[10] si avvicinò, veloce su pattini a rotelle, e rise.

— Aaah !, rise. Scommetto[11] che cerchi mia sorella.

— Tua sorella ? io esclamai. Come si chiama ?

— Non te lo dico, la bambina rispose.

---

1. v. **avviarsi** : mettersi sulla via.
2. **anzi** n'est pas toujours syn. de **invece** : *au contraire*, mais introduit souvent une précision de l'idée : *pour mieux dire*.
3. Ces infinitifs en forme de subst. confèrent à l'action une notion d'étirement renforcée ici par l'adj. **lungo**.
4. **ora... ora** : *tantôt... tantôt*.
5. Noter les deux constructions possibles de **fino a che** ou **finché** : **fino a che non alzai...** *tant que je ne levai pas* ; **la aspetterò finché arrivi** : *jusqu'à ce qu'elle arrive*.
6. p.s. irrég. de **vedere** : **vidi, vedesti, vide...**
7. *foire*. La grande Foire-Exposition de **Bari** (**Puglia**) s'appelle la **Fiera del Levante**.

— Elle était venue, hein ? dit le gardien.

Sans lui répondre je suivis cette femme.

— On ferme, le gardien cria. On ferme.

Tout en criant « on ferme » il s'éloigna entre les arbres.

Je suivis la femme hors du jardin, puis dans les rues de la ville.

J'allai derrière le son qu'avaient fait ses pas sur le gravier. Je peux même dire : guidé par le souvenir de ses pas. Et ce fut une marche infinie, une poursuite infinie, dans la foule parfois et parfois sur des trottoirs solitaires jusqu'à ce qu'enfin, pour la première fois, je lève les yeux et la voie, une passante, dans la lumière de la dernière boutique.

Je vis ses cheveux, à dire vrai. Rien d'autre. Et j'eus peur de la perdre et commençai à courir.

La ville avait, à ces latitudes, une alternance de prés et de hautes maisons, de Champs de Mars obscurs et d'illuminations foraines, et l'œil rouge du gazogène dans le fond. Je demandai plus d'une fois : « L'avez-vous vue passer ? »

Ils disaient tous qu'ils ne savaient pas.

Mais une fillette moqueuse s'approcha, filant sur ses patins à roulettes, et riant.

— Aaah ! rit-elle. Je parie que tu cherches ma sœur.

— Ta sœur ? je m'écriai. Comment s'appelle-t-elle ?

— Je ne te le dirai pas, répondit la fillette.

---

8. **più** devant un subst. : syn. de **diversi(e)**, **parecchi(e)**. **E'rimasto più ore nel giardino.**

9. Nous retrouvons la proposition infinitive ; voir n. 11, p. 79.

10. **farsi beffa di** : *se moquer de*. Plusieurs nouvelles du ***Décaméron*** de **Boccaccio** (1313-1375) ont pour thème les **beffe** (*bons* ou *mauvais tours*) que se jouent les personnages, en particulier mari et femme. Qui est cette enfant moqueuse sur ses patins à roulettes ? Il y a souvent chez **Vittorini**, et en particulier dans ***Conversazione in Sicilia***, des personnages énigmatiques qui ont une fonction métaphorique ou symbolique.

11. v. **scommettere** (irrég. comme **mettere**) ; **una scommessa** : *un pari.*

E di nuovo rise ; fece, sui suoi pattini, un giro di danza della morte[1] intorno a me.

— Aaah ! rise.

— Dimmi allora dov'è io le domandai.

— Aaah ! la bambina rise. È in un portone.

Turbinò[2] intorno a me nella sua danza della morte ancora un minuto, poi pattinò via sull'infinito viale, e rideva.

— È in un portone, gridò da lungi[3], ridendo.

C'erano abbiette coppie nei portoni ma io giunsi[4] ad uno ch'era deserto e ignudo[5]. Il battente si aprì quando lo spinsi[6], salii le scale e cominciai a sentir piangere.]

— È lei che piange ? chiesi alla portinaia.

La vecchia dormiva seduta a metà[7] delle scale, coi suoi stracci in mano, e si svegliò, mi guardò.

— Non so, rispose. Volete l'ascensore ?

Io non lo volli[8], volevo andare sino a quel pianto, e continuai a salire le scale tra le nere finestre spalancate[9]. Arrivai infine dov'era il pianto ; dietro un uscio bianco. Entrai e l'ebbi vicino, accesi la luce.

Ma non vidi nella stanza nessuno, né udii più nulla. Pure, sul divano, c'era il fazzoletto delle sue lagrime.

---

1. On comprend peut-être maintenant que chercher la liberté constitue un risque mortel.
2. De **turbine** : *tourbillon*. On pense au tourbillon dans lequel sont emportées au chant V de l'*Enfer* de **Dante** les âmes de Francesca et Paolo, les deux amants damnés.
3. Syn. poétique de **lontano**. **Era ben lungi dal pensare alla morte.**
4. Voir n. 7, p. 50.
5. Syn. poétique de **nudo**. **Vestire gli ignudi** : *vêtir ceux qui sont nus*, une des sept œuvres de miséricorde illustrées par une frise de terre cuite de **Giovanni della Robbia** (1469-1529) sur la façade de l'**Ospedale del Ceppo** à Pistoia. C'est aussi le titre d'une pièce de **Pirandello** de 1922.

Et à nouveau elle rit ; elle fit, sur ses patins, une figure de danse de la mort autour de moi.

— Aaah ! rit-elle.

— Au moins, dis-moi où elle est, lui demandai-je.

— Aaah ! rit la fillette. Elle est sous un porche.

Elle voltigea encore un instant autour de moi dans sa danse de la mort, puis s'enfuit en patinant sur l'avenue sans fin ; elle riait.

— Elle est sous un porche, cria-t-elle de loin, en riant.

Il y avait des couples hideux sous les porches, mais celui où j'arrivai était désert et nu. Le battant s'ouvrit lorsque je le poussai, je montai l'escalier et d'abord j'entendis pleurer.

— C'est elle qui pleure ? demandai-je à la concierge.

La vieille dormait, assise au milieu de l'escalier, ses chiffons à la main ; elle se réveilla et me regarda.

— Je ne sais pas, répondit-elle. Vous voulez l'ascenseur ?

Mais je n'en voulus pas, je voulais aller jusqu'à ces pleurs, et je continuai à monter l'escalier aux noires fenêtres béantes. J'arrivai enfin à l'endroit des pleurs ; derrière une porte blanche. J'entrai et ils furent là près de moi, j'allumai la lumière.

Mais je ne vis dans cette pièce personne, ni n'entendis plus rien. Pourtant, sur le divan, il y avait le mouchoir de ses larmes.

---

6. v. **spingere** ; p.s. **spinsi** ; p.p. **spinto** ; **una spinta**.

7. **metà** : *moitié, milieu* à ne pas confondre avec **la meta** : *le but*.

8. Voir n. 7, p. 62 et n. 1, p. 90.

9. **spalancare** : *ouvrir tout grand* (**la porta**, **la bocca**...).

• **Note grammaticale** : le passé simple régulier.

cercare :	cercai	cercasti	cercò	cercammo	cercaste	cercarono
potere :	potei	potesti	potè	potemmo	poteste	poterono
salire :	salii	salisti	salì	salimmo	saliste	salirono

Vous avez remarqué que les verbes en **-are** sont pratiquement tous réguliers mais les verbes en **-ere** très souvent irréguliers à ce temps.

Antonio DELFINI
(1908-1963)

Morte dell'amante
La mort de l'amant
(1938)

« Si j'avais eu d'autres amis, ou si je n'en avais pas eu du tout, je serais devenu un grand narrateur, avant la chute du fascisme ; et je le serais resté par la suite [...] Il est certain que si je n'avais pas connu des intellectuels, je ne serais pas parti pour Rome. Car partir pour Rome signifiait se soumettre à une espèce de complexe d'infériorité [...] qui s'appelait (et s'appelle encore) *province*. »

La province, pour Delfini, c'était Modène, une ville qu'il aime et tout à la fois exècre pour son ignorance et sa fatuité.

Une vie apparemment oisive de jeune bourgeois aisé ; la quête amère d'une reconnaissance ; l'errance velléitaire avec d'autres intellectuels, politiquement incertains, comme lui : on parle, on s'agite entre Modène, Florence, Bologne, Rome, on fonde une revue littéraire sans lendemain car sans projet...

Cet atrabilaire doublé d'un mystique est possédé d'une rage d'écrire et d'une rage tout court contre « l'inhumanisme » de la société fasciste.

Ses nouvelles ont été écrites entre 1933 et 1939 et reprises inlassablement jusqu'à leur parution en volume en 1956 sous le titre **Il Ricordo della Basca**. La longue introduction de Delfini en forme d'autobiographie est un texte magnifique, à elle seule un roman, qui dit les regrets, les attentes, les dégoûts, les révoltes mais aussi la foi en un homme... qui ne serait pas lui.

Evelina era sul pianerottolo[1] del terzo piano di una modesta casa di via Canaletto[2]. Era tutta ansante e ogni tanto gemeva : « Oh Dio me ! » Aveva lasciato cadere per terra lo scialle che le aveva ricoperto le spalle e la schiena nude nel tragitto dal ballo di San Faustino (O.N.D.[3] della Fratellanza) alla casa di suo padre. Era scappata dal ballo senza che le amiche, le quali le si erano messe intorno[4] per la sciagura[5], potessero trattenerla o accompagnarla, ed era salita sull'autobus in corsa, perdendo quasi una delle sue scarpe bianche col tacco[6] altissimo marron.

Un po' apposta[7] e un po' per inavvertenza le amiche invidiose avevano lasciato correre di bocca in bocca la notizia della morte di Adelmo Marsellini, il ricco amante[8] di Evelina, il quale si era fracassato il cranio correndo in motocicletta. « Disgrazia[5] », si disse, ed era disgrazia. « Che Evelina non ne sappia[9] nulla », ma Evelina si era impadronita[10] della notizia in un baleno. Aveva mandato[11] un grido, si era accasciata, poi lasciata prendere da una crisi isterica. Scappando aveva potuto cogliere, di sulla bocca di una delle sue amiche, questa frase : « E adesso che cosa farà senza i soldi di Adelmo ? », al che le pareva avesse risposto la madre della brutta Marcella : « La troia[12] ». Allora lei sull'autobus aveva detto fra sé[13] : « Non io : Marcella farà così. Andrò da mio padre, Madonnina santa ! »

Infatti si trovava davanti alla porta di casa sua, della quale suo padre l'aveva cacciata sei mesi prima[14], all' inizio del legame[15] amoroso con Adelmo.

---

1. De **piano** : *plan* + suff. diminutif.
2. Peintre vénitien (1697-1768) célèbre pour ses **Vedute** de Venise.
3. **Opera Nazionale Dopolavoro**, créée en 1935 par le fascisme dans le but d'organiser à prix très modiques les loisirs collectifs de ses adhérents, du jeu de cartes à la compagnie de théâtre amateur en passant par les excursions, compétitions sportives, bals et même cours d'alphabétisation. Nous recommandons sur ce sujet et sur bien d'autres aspects de la vie quotidienne à l'époque fasciste l'ouvrage passionnant de **Gian Franco Venè** intitulé *Mille lire al mese*, 1988, éd. Mondadori.
4. Pour le pronom faible remplaçant le pron. fort voir n. 8, p. 84.
5. **sciagura** et son syn. **disgrazia** ont des p.p. employés comme interjections avec un sens légèrement dérivé ; **sciagurato !** **disgraziato !** = *misérable ! fripon ! scélérat !*

Evelina était sur le palier du troisième étage d'une modeste maison de la rue Canaletto. Elle était toute haletante et par intermittence elle gémissait : « Oh mon Dieu ! » Elle avait laissé tomber à terre le châle qui avait recouvert ses épaules et son dos nus pendant le trajet entre le bal de San Faustino (O.N.D. de la Fraternité) et la maison de son père. Elle avait quitté précipitamment le bal sans que ses amies, qui s'étaient empressées autour d'elle à cause de ce drame, aient eu le temps de la retenir ou de l'accompagner ; elle avait attrapé l'autobus au vol et avait même failli perdre une de ses chaussures blanches à très haut talon marron.

Un peu délibérément, un peu par étourderie, les amies envieuses avaient laissé courir de bouche en bouche la nouvelle de la mort d'Adelmo Marsellini, le riche amant d'Evelina, qui s'était fracassé le crâne en fonçant à motocyclette. « Un malheur », avait-on dit, et c'était bien un malheur. « Qu'Evelina n'en sache rien », mais Evelina s'était emparée de la nouvelle en un éclair. Elle avait poussé un cri, s'était effondrée, puis elle avait été prise d'une crise de nerfs. En s'enfuyant, elle avait eu le temps de cueillir, sur la bouche d'une de ses amies, la phrase : « Et maintenant que va-t-elle faire sans les sous d'Adelmo ? » ; à quoi il lui semblait avoir entendu la mère de ce laideron de Marcella répondre : « La grue ». Et dans l'autobus elle se disait : « Non, pas moi ; Marcella, elle, oui. Je vais aller chez mon père, Sainte Vierge ? »

Elle se trouvait effectivement devant la porte de sa maison, d'où son père l'avait chassée six mois plus tôt, au début de sa liaison avec Adelmo.

---

6. De la chaussure ; à ne pas confondre avec **calcagno** : *talon* du pied.
7. De **a** + **posta** : *guet, affût* ; **appostarsi** : *se poster, guetter*.
8. Comme on le voit, le thème de la petite cousette et de son riche amant n'est pas typiquement français. On pense à l'opéra *La Traviata* de **Verdi** mais ici dans un registre plus provincial.
9. Le subj. du v. **sapere** dérive d'une ancienne forme (**sappio**) du prés. de l'indicatif ; voir n. 6, p. 14, pour le prés. moderne.
10. v. **impadronirsi** ; du préf. **im-** + **padrone** : *patron, maître*.
11. v. **mandare** : *envoyer* ; *pousser* (pour un cri, un soupir...).
12. *la truie*.
13. Abréviation de **fra sé e sé** : *entre elle et elle-même*.
14. **primo (a)** adj. : *premier* ; **prima** adv. : *avant, premièrement*. *Prima della rivoluzione*, très beau film de **Bertolucci**, 1964.
15. v. **legare** : *lier*.

Aveva suonato ininterrottamente[1] per dieci minuti, aveva battuto le nocche[2] contro la porta, pestato[3] con i piedi, gridato : « Papà perdonami, me non ne so più niente... papà. Adelmo... io, sulla strada no... è morto ». [Le aveva aperto la porta la moglie di suo fratello, quella che più aveva influito perché Evelina venisse cacciata, e, forse, giustamente ; poiché essa era madre di otto bambini e aveva per zio il parroco[4] di San Dalmazio, senza contare che suo marito, operaio specialista alla Fiat[5], l'aveva sempre avuta a morte[6] coi Marsellini che secondo lui erano arricchiti di guerra (avevano infatti accumulato milioni con la razionale raccolta degli stracci nella provincia di M...[7]).

La inflessibile cognata le aveva richiuso subito la porta in faccia, protestando che non era l'ora di far tanto rumore, che lei e i suoi bambini avevano bisogno di dormire, che il babbo[8] era fuori a lavorare e anche se ci fosse stato non l'avrebbe ricevuta, che infine se era morto quel fichino di Marsellini provasse adesso a farsi mantenere[9] dal marchese Cruppoli. Tali cose le disse ispirate da certo spirito conservativo[10] che hanno tutte le donne verso le cognate nubili, massime[11] quando queste non conducono vita illibata[12]. Odio non c'era, ma la maggiore attenzione verso sé e i suoi bambini, e la totale indifferenza per Evelina ; la quale, poveretta, le[13] sembrò di non aver più vita al mondo.] Ogni senso scomparso[14], credette[15] di esser diventata tanto bianca, di un bianco quale non si era mai illusa di avere, quando per far piacere ad Adelmo si dava ciprie[16] e biacca[17] a non finire.

---

1. (in) + interrotto (de interrompere) + mente.
2. nocca : *articulation du doigt replié, nœud.*
3. Il pesto genovese : soupe de légumes de la région de Gênes dans laquelle on ajoute en fin de cuisson du basilic écrasé (pestato) avec de l'ail et de l'huile... d'olive, bien entendu. Le français, confondant l'opération et la plante, en a tiré le mot *pistou* qui en Provence désigne le basilic.
4. Responsable d'une parrocchia : *paroisse.*
5. Sigle de Fabbrica Italiana di Automobili di Torino dont le président est Gianni Agnelli, sponsor de la célèbre équipe de football Juventus, propriétaire du journal turinois *La Stampa*, mécène du Palazzo Grassi à Venise... entre autres.
6. Expression averla a morte con... voir n. 1, p. 66.

Elle avait sonné sans discontinuer pendant dix minutes, elle avait martelé la porte de coups de poing, de coups de pied, elle avait crié : « Papa, pardonne-moi, je ne sais plus où j'en suis... papa. Adelmo... moi, le trottoir, jamais... il est mort. » C'est la femme de son frère qui lui avait ouvert la porte, celle qui avait le plus insisté pour qu'on la chasse, et peut-être non sans raison ; en effet, elle était mère de huit enfants et son oncle n'était autre que le curé de San Dalmazio, sans compter que son mari, ouvrier qualifié à la Fiat, en avait toujours voulu à mort aux Marsellini qui, selon lui, s'étaient enrichis avec la guerre (ils avaient en effet accumulé des millions grâce à la récupération rationnelle des chiffons dans la province de M...).

L'inflexible belle-sœur lui avait aussitôt refermé la porte au nez, objectant que ce n'était pas une heure pour faire un tel vacarme, qu'elle et ses enfants avaient besoin de dormir, que le père était parti au travail et que même s'il avait été là, il ne l'aurait pas reçue, et qu'enfin, si ce godelureau de Marsellini était mort, elle n'avait qu'à essayer à présent de se faire entretenir par le marquis Cruppoli. Elle lui débita toutes ces choses inspirées par ce rigorisme qu'ont toutes les femmes envers leurs belles-sœurs nubiles, surtout quand celles-ci ne mènent pas une vie irréprochable. Pas de haine à coup sûr, mais, avant tout, le souci d'elle-même et de ses enfants, et une totale indifférence envers Evelina, cette malheureuse à qui il semblait que toute vie l'avait abandonnée. Ses sens l'ayant quittée, Evelina se crut gagnée par une extrême pâleur, cette pâleur qu'elle savait bien, hélas, ne pas posséder quand, pour faire plaisir à Adelmo, elle se poudrait et s'enfarinait le visage à n'en plus finir.

---

7. Il s'agit de **Modena**, ville d'Émilie-Romagne où a vécu **Delfini**, célèbre pour sa cathédrale (**duomo**) romane.
8. Diminutif enfantin de **padre**.
9. **una mantenuta** : *une femme entretenue*.
10. m. à m. *esprit de conservation moral*.
11. Litt. pour **massimamente**.
12. De *in* + *libatus* (*touché*) d'où *intact, sans tache*.
13. Lourdeur de la redondance des pronoms.
14. p.p. absolu, voir n. 2, p. 88.
15. **credere** a deux p.s. ; 1. régulier **credei** ; 2. irrég. **credetti**.
16. **cipria** : *poudre de riz* ; **polvere** : *poussière, poudre pour armes*.
17. *blanc de céruse.*

« Adesso, le scappò di pensare[1], devo esser bella », e appoggiando la schiena alla porta si lasciò scivolare in terra. Sentì il freddo delle mattonelle[2] agghiacciarla[3] attraverso l'abito leggero. E le parve assai difficile che il marchese Cruppoli potesse prendersi per amante una donna la cui pelle si andava rovinando[4] a quel freddo.

A poco a poco[5] il cuore di Evelina, normalizzandosi l'ansia procurata dalle scosse[6] improvvise, andava prendendo una specie di ritmo irregolare a colpi ora lenti ora affrettatissimi[7] come di chi, affranto[8] da inconsolabile dolore, vorrebbe non pensarci più, e allontanando dal pensiero ogni oggetto che lo ricordi, dice[9] : « Quel pavimento non è stato pulito da una settimana. Se quelle scale fossero di marmo[10], mio padre non abiterebbe questa casa. Le borchie di ottone[11] le lustravo meglio io di mia cognata, ma le aste[12] della ringhiera della scala sono di ferro verniciato[13] e ci sono punti interrogativi e teste rotonde coi ricci[14], mentre quelle che circondano la pista del Salone Tersicore sono di legno e sono lisce. Quando era viva mia madre, la domenica che mi portò al ballo, stavo appoggiata alla ringhiera, mi guardava quel musone[15] di Storchi, e guai se entravo nella pista, guai se ballavo. Dovetti[16] rifiutare mille balli... mille balli per sera con la gonna alla trullona[17], sarei stata davvero una gran bella ballerina. Se contassi i granellini di polvere che ci sono in una fessura tra una mattonella e l'altra diventerei matta... », ecc.

---

1. m. à m. *il lui échappa* (**scappare**) *de penser.*
2. Diminutif de **mattone** : *brique.*
3. De **ghiaccio** : *glace* ; △ **il gelato** : *la crème glacée.*
4. **rovinare** : *démolir, abîmer.* Voir n. 15, p. 35.
5. Retenir la particularité de cette expression.
6. Voir n. 4, p. 74.
7. Rappel, **fretta** : *hâte* ; **affrettarsi** : *se hâter.*
8. De **frangere** : *briser* ; p.s. **fransi** ; p.p. **franto.**
9. Nous avons translaté le conditionnel contenu dans le subj. **ricordi** sur le verbe *dire.*
10. D'où l'adj. **marmoreo** et le français *marmoréen.*
11. L'italien distingue le *cuivre rouge* : **rame**, du *cuivre jaune* ou *laiton* : **ottone.**

« En ce moment, se surprit-elle à penser, je dois être belle »,
et, s'appuyant contre la porte, elle se laissa glisser à terre. Elle
sentit le froid du carrelage la saisir à travers sa robe légère. Et
il lui sembla très improbable que le marquis Cruppoli puisse
prendre pour amante une femme dont la peau se détériorait
dans ce froid.

Peu à peu, tandis que s'apaisait l'émoi provoqué par cette
commotion, le cœur d'Evelina prenait une sorte de rythme
irrégulier où les palpitations étaient tour à tour lentes et préci-
pitées, comme celui qui, brisé par une douleur inconsolable,
voudrait ne plus y penser et, pour éloigner de son esprit tout
objet qui la rappelle, dirait : « Ce carrelage n'a pas été lavé
depuis une semaine. Si ces escaliers étaient en marbre, mon père
n'habiterait pas cette maison. Les cabochons de cuivre, je les
astiquais mieux que ma belle-sœur, mais les barreaux de la
rampe d'escalier sont en métal peint avec des points d'inter-
rogation et des têtes joufflues et frisées, tandis que ceux qui
entourent la piste de danse du Salon Terpsichore sont en bois,
et lisses. Quand ma mère était vivante, le dimanche où elle
m'emmena au bal, j'étais appuyée à la balustrade et ce grincheux
de Storchi me surveillait, et gare à moi si j'entrais sur la
piste, gare à moi si je dansais. J'ai dû refuser des centaines de
danses... cent danses par soir avec ma jupe corolle, quelle
merveilleuse danseuse je serais devenue ! Si je comptais les
grains de poussière qu'il y a dans la rainure entre deux carreaux
je deviendrais folle... », etc.

---

12. **le aste** sont aussi les barres que font les enfants pour apprendre
à écrire.
13. ▲ **la vernice** : *la peinture* ; **lo smalto** : *l'émail, le vernis.*
14. **riccio** : 1. *boucle* ; 2. *hérisson* ; 3. *bogue de châtaigne* ; **riccio
di mare** : *oursin.*
15. De **muso** : *museau* + **-one** suff. augmentatif ; **fare il muso** : *faire
la tête, bouder.*
16. **dovere** (comme **credere**) a deux p.s. ; voir n. 15, p. 113.
17. On trouve dans la région des Pouilles des habitations traditionnelles
appelées **trulli** : construites en pierres sèches, circulaires, avec
un toit conique, elles sont particulièrement conservées et restaurées
à des fins touristiques à **Alberobello**, petite ville près de **Bari**. Il
est probable que vienne de là le terme qui décrit cette jupe cloche.

Tuttavia si apriva il sipario [1], e il Salone Tersicore di Sant'Agnese, la sera dell'Epifania, era la scena verso la quale si volgevano gli occhi piangenti di Evelina.

In quella stagione non era ancora andata a ballare. Lavorava molto nella stiratoria [2] della Bice [3], e suo padre aveva una speciale tenerezza per lei, così, per consolarla della partenza (ed anche dell'abbandono, poiché non le aveva mai scritto) del suo amoroso ch'era andato in Africa Orientale [4]. Al padre era assai piaciuta questa relazione, perché il giovanotto era figlio del falegname [5] Calodi, suo vecchio amico e rivale al giuoco delle bocce [6]. Evelina non si era troppo avvilita [7], dato che in fondo non era innamorata del giovanotto. Le era venuta una gran voglia di divertirsi, di profumarsi, di tingersi [8], di andare in automobile e anche di fare all'amore [9]. Ma tutto ciò non se lo confessava, e faceva la scontrosa coi giovanotti di qualunque condizione fossero. Si era giurata che non sarebbe andata [10] a ballare, che voleva lavorare per sé e per suo padre, e per questo non si era fatta nemmeno un vestito. Però ne teneva uno vecchio con molta cura. Era un vestito che poteva anche andare per la sera. Blu scuro, con un bavero bianco a pizzo [11] intorno al collo ; e laddove le altre fanno quasi vedere il petto, lei aveva chiuso con due file di bottoncini rossi : due anni prima aveva visto qualcosa di simile in un film. Come all'attrice, quel vestito dava una speciale morbidezza [12] alla sua faccia seria e vellutata [13].

---

1. Exclusivement celui du théâtre ; pour les autres cas : **la tenda**.
2. **stirare** : *repasser* ; **ferro da stiro** : *fer à repasser* ; pour le suff. voir n. 4, p. 26 ; cf. **tintoria** : *teinturerie* ; **lavatoria** : *laverie*.
3. Contraction de Beatrice. Déjà employé par Dante quand il célèbre la dame aimée dans ses poèmes, dans **La Vita Nova** et surtout dans le Paradis de la *Divine Comédie* où elle lui servira de guide.
4. Il s'agit de la campagne d'Éthiopie entreprise par Mussolini en 1935 pour élargir l'empire colonial italien d'Afrique (Cyrénaïque et Tripolitaine conquises en 1912) et poursuivre ainsi son rêve de reconstituer « l'empire romain ». Les sanctions votées par la Société des Nations n'étant pas appliquées, l'Italie poursuit impunément sa conquête, entre à Addis-Abeba, chasse l'empereur Haïlé Sélassié, tandis que Victor-Emmanuel est proclamé solennellement empereur d'Éthiopie le 9 mai 1936.

Toutefois, le rideau se levait, et le salon Terpsichore de Sant'Agnese, le soir de l'Épiphanie, s'ouvrait comme une scène vers laquelle se tournaient les yeux éplorés d'Evelina.

Elle n'était pas encore allée danser de la saison. Elle travaillait dur dans l'atelier de repassage de Bice, et son père avait une tendresse toute particulière pour elle, pour la consoler en sorte du départ (et même de l'abandon puisqu'il ne lui avait jamais écrit) de son amoureux qui était parti en Afrique orientale ! Son père s'était réjoui de cette fréquentation, car le jeune garçon était le fils du menuisier Calodi, son vieil ami et rival à la pétanque. Evelina n'avait pas eu trop de chagrin, étant donné qu'au fond, elle n'était pas amoureuse du garçon. Il lui était venu une grande envie de s'amuser, de se parfumer, de se maquiller, d'aller en auto, et même de se laisser conter fleurette. Mais elle ne se l'avouait pas, et jouait les farouches avec les garçons, quelle que fût leur condition. Elle s'était juré qu'elle n'irait pas danser, qu'elle voulait travailler pour elle et pour son père, et d'ailleurs elle ne s'était même pas confectionné une robe neuve. Mais elle en avait une vieille qu'elle conservait très soigneusement. Une robe qui pouvait aller aussi bien pour le soir. Bleu marine, avec un col blanc en pointe à l'encolure ; mais là où les autres laissent quasiment voir leur poitrine, elle avait fermé le décolleté par une double rangée de petits boutons rouges : deux ans auparavant, elle avait vu quelque chose de semblable dans un film. Tout comme à l'actrice, cette robe donnait une douceur particulière à son visage sérieux et velouté.

---

5. **fa (fare)** + **legno** + suff. **-ame**, voir n. 8, p. 35.
6. m. à m. *au jeu des boules.*
7. Bien que **vile** ait le sens de *lâche*, le sens courant de **avvilirsi** est plutôt : *se décourager, se laisser abattre.*
8. *se teindre, se mettre des couleurs*, sinon on préciserait : **tingersi i capelli.**
9. Ne pas confondre avec **fare l'amore** : *faire l'amour.*
10. La concordance entre le temps de la principale et celui de la subordonnée vaut aussi pour le conditionnel ; ici conditionnel passé car temps du passé dans la principale.
11. △ noter l'emploi de **a** pour *en (forme de)* : **a triangolo, a piramide, a corona.**
12. De **morbido** : *tendre, moelleux, souple* ; ▲ *morbide* : **morboso.**
13. De **velluto** : *velours*, lui-même de **vello** : *toison.*

Quando l'indossò[1], la prima volta che andò a ballare col suo amoroso, le pareva di avere in sé una tenerezza fatale[2] che la soddisfaceva così senza altre ricerche o desideri. Evelina non era un gran che[3] di bello, ma aveva il tipo della « pallida » che piace tanto da noi e gli occhi nascostamente passionali[2].

Aveva accettato di andare al Tersicore, la sera dell'Epifania[4], per le insistenze delle amiche, perché il padre aveva acconsentito incoraggiandola, e infine per quel famoso vestito. Era tanta[5] la voglia che aveva di andarsi a divertire che, spaventata di commettere chissà che cosa, aveva detto alle amiche : « Verrò[6], ma starò in galleria con le vostre madri, io non so nemmeno più ballare, e guai se mi portate qualche uomo. Intesi[7] ? » Invece ballò.

Quando l'invitavano diceva di non saper ballare[8] e, spinta dalle amiche, andava. In un intervallo[9] le si era avvicinata[10] la madre Malvezzi, donna più amante di combinar relazioni speciali che di guarnire cappelli per signora. Dietro costei[11] c'era Adelmo Marsellini. Una delle amiche aveva dato di gomito[12] a Evelina : « Accidenti, se mi potessi beccare[13] quello lì avrei finito di star male[14] ! » A questa frase Evelina era diventata rossa come il fuoco, e tanto più si notava data[15] la sua pallidezza. La Malvezzi intanto, tirando per la giacca il giovane, gli aveva presentato Evelina dicendo :

---

1. v. **indossare** : mettre sur son dos (**dosso**) ; **indossatrice** : *mannequin*.
2. Le lecteur attentif aura remarqué que la langue de **Delfini** est surprenante et inventive par rapport aux canons du style italien.
3. **un gran che** : *grand-chose* ; **non è un gran che** : *ça ne vaut pas cher*.
4. Mot devenu **Befana** dans la langue populaire et qui désigne aussi la vieille femme qui apporte des cadeaux aux enfants le jour des Rois ; équivalent de notre Père Noël.
5. Voir n. 13, p. 13.
6. Nous rappelons ce futur contracté de **venire** à ne pas confondre avec **vedrò**, futur de **vedere**.

118

Quand elle la mit, la première fois qu'elle alla danser avec son amoureux, elle avait l'impression de porter en elle une tendresse fatale qui la comblait, sans nul besoin de chercher ou de désirer autre chose. Evelina n'était pas une grande beauté, mais elle avait le type de la « pâle » qui plaît tellement chez nous, et une secrète passion dans les yeux.

Elle avait accepté d'aller au Terpsichore, le soir de l'Épiphanie, parce que ses amies avaient insisté, parce que son père l'y avait autorisée et même poussée, et enfin à cause de cette fameuse robe. Elle avait une telle envie d'aller s'amuser que, épouvantée à l'idée de commettre Dieu sait quelle folie, elle avait dit à ses amies : « Je viendrai, mais je resterai à la galerie avec vos mères ; d'ailleurs je ne sais même plus danser, et surtout n'allez pas me présenter des hommes. C'est entendu ? » Et pourtant elle dansa.

Quand on l'invitait, elle disait qu'elle ne savait pas danser, puis, poussée par ses amies, elle consentait. Lors d'une pause, la mère Malvezzi s'était approchée d'elle. C'était une femme plus intéressée à nouer des intrigues douteuses qu'à enjoliver les chapeaux pour dames. Derrière elle il y avait Adelmo Marsellini. L'une des amies d'Evelina l'avait poussée du coude : « Fichtre, si je pouvais alpaguer celui-là, c'en serait fini de la mouise ! » À cette phrase, Evelina était devenue rouge comme la braise, ce qui se remarquait davantage étant donné sa pâleur. Cependant la mère Malvezzi, tirant le jeune homme par sa veste, lui avait présenté Evelina en disant :

---

7. Abbréviation de **ci siamo intesi ?** : *nous nous sommes compris ?*
8. Pour la proposition infinitive, voir n. 11, p. 79.
9. 1. *intervalle* ; 2. *entracte, pause.*
10. Remarquer le pronom fort (**a lei**) remplacé par le pronom faible (**le**) et rejeté avant le pronom réfléchi.
11. **costui, costei**, pron. démonstratifs souvent avec valeur péjorative.
12. m. à m. *donné du coude.*
13. *becqueter*, devenu dans la langue populaire *attraper, choper, arnaquer*
14. Pourrait vouloir dire aussi *être malade* mais ici la maladie est pécuniaire.
15. p.p. absolu comme plus haut, **dato che non era innamorata**.

119

« Guardi[1] mo'che bella ragazza che le faccio conoscere. Eppoi mi venga[1] a dire ch'è tramontata la mia stella ! »

[Il giovane aveva sorriso[2], aveva detto qualche complimento a quelle che stavano intorno a Evelina e, l'orchestra incominciando a suonare[3], messole[4] un braccio intorno alla vita[5], tenendola ben aderente a sé, in due giri l'aveva portata al centro della sala e là, rallentando[6] il passo di danza, le aveva detto da quanto tempo l'ammirava, e come gli piaceva, e come avrebbe voluto che rimanesse per la serata con lui a ballare, intanto che faceva tinnire nelle tasche i gettoni necessari per ogni giro di ballo. Lei era confusa[7]. Rispondeva : « Sì. No. Troppo onore. Lei mi vuol canzonare[8] ». Poi al buffet le offrì lo spumante[9], e subito le girò la testa. Diceva : « Mi scusi[1]. Non so che cosa abbia. Sa, noi povrette, questa roba[10] non la beviamo mai ». « Ma passerà, diceva lui, intanto beva[1]. Come è bella ! » « Chi ? » « Lei ». « Che burlone[11] ». « Sì, amore, te[12] sei bella ». « Oh mio Dio », e portava una mano alla fronte.

Andò a casa così tardi che il babbo che si era svegliato le aveva detto : « Se l'avessi saputo non ti avrei lasciata andare. Ma ti sei divertita... Domani mattina dormi fin che vuoi. Passerò io a scusarti dalla Bice. Hai sempre lavorato tanto... »]

Al veglione[13] del Teatro Carani di Sassuolo[14] aveva una toilette che luccicava tutta di oro e di argento. A Carpi[14] era stata persino al ballo del circolo dei nobili.

---

1. Noter ces subjonctifs équivalents d'impératifs à la personne de politesse ; cf. ci-dessous : **mi scusi**, **beva**.

2. v. **(sor)ridere** ; p.s. **sorrisi** ; p.p. **sorriso** ; **un sorriso**.

3. 1. *sonner* ; 2. *jouer*, de la musique, d'un instrument ; **suonare il violino, il pianoforte...**

4. Rappel : enclise du pronom au p.p. absolu.

5. 1. *vie* ; 2. *taille* ; **una vita da vespa** : *une taille de guêpe*.

6. v. **rallentare**, de **lento**.

7. v. **confondere** ; p.s. **confusi** ; p.p. **confuso** ; **la confusione**.

8. De **canzone** (chanson) ; syn. **burlare**, **prendere in giro**.

9. Le plus connu est **l'Asti spumante**, vin blanc produit dans cette province du Piémont ; à Sorbara, près de Modène, on produit un vin rouge légèrement mousseux : le **Lambrusco** ; la **spuma** est

« Regardez-moi un peu la belle fille que je vous fais connaître. Et après ça venez me dire que mon étoile a pâli ! »

Le jeune homme avait souri, il avait dit quelques gentillesses à celles qui entouraient Evelina et, comme l'orchestre commençait à jouer, lui ayant passé un bras autour de la taille et la tenant bien serrée contre lui, en deux tours de danse il l'avait conduite au centre de la salle, et là, ralentissant le pas, il lui avait dit depuis combien de temps il l'admirait, et comme elle lui plaisait, et comme il aurait voulu qu'elle reste toute la soirée à danser avec lui, tandis qu'il faisait tinter dans ses poches les jetons qu'il avait en réserve pour les autres tours de danse. Elle était confuse. Elle répondait : « Oui. Non. C'est trop d'honneur. Vous voulez vous moquer. » Puis au buffet il lui offrit du mousseux, et aussitôt la tête lui tourna. Elle disait : « Excusez-moi. Je ne sais pas ce qui m'arrive. Vous savez, nous autres, on ne boit jamais de ces choses-là. » « Ça va passer, disait-il, en attendant buvez. Comme vous êtes belle ! » « Moi ? » « Oui, vous. » « Vous plaisantez. » « Oui, mon amour, c'est toi qui es belle. » « Oh mon Dieu », et elle portait une main à son front.

Elle rentra si tard que son père qui s'était réveillé lui avait dit : « Si j'avais su je ne t'aurais pas laissée aller. Allons, tu t'es amusée... Demain matin, dors autant que tu veux. Je passerai chez Bice pour t'excuser. Tu as toujours tellement travaillé... »

Au réveillon du théâtre Carani de Sassuolo elle avait une toilette toute étincelante d'or et d'argent. À Carpi, elle était même allée au bal du cercle des nobles.

---

une boisson gazeuse, moins sucrée et plus rafraîchissante que notre limonade.
10. Ce mot a aujourd'hui un sens très large : *truc, machin, objets divers, affaires*, mais il indiquait autrefois *le bien, la terre*, comme on le verra dans la nouvelle **L'onore** de **De Roberto**.
11. *plaisantin*.
12. Ce **te** en place du **tu** renforce l'affirmation.
13. De **veglia** (*veillée*) + **-one** suff. augmentatif, autrement dit *la longue veillée*.
14. Ces deux modestes villes de l'Émilie-Romagne sont le théâtre de mondanités à la mesure des rêves d'**Evelina** ; (dont celui du **libretto**, voir n. 1, p. 122).

Adelmo l'aveva presentata come una nobile signora di Ravenna. Ma meraviglioso era andare in automobile a ballare a Casalecchio, all'aria aperta, coi monti intorno, e parlando sotto voce come di gente molto importante. L'ultima volta c'era stata ieri l'altro sera. E adesso...

« Forse chissà che domani non mi arrivi un libretto [1] da centomila [2] lire. Certamente che qualcosa mi daranno, si diceva Evelina ; e se anche mi dànno, cosa farò se mio padre non mi riprende ? No. Quello [3] non lo voglio fare. Cosa farò allora ? » E mente pian piano [4] si andava assopendo [5], stanca com'era, le frullava [6] nella testa la canzonetta che suonavano prima che scappasse dal ballo : « Vivere senza malinconia — vivere nelle follie del mondo. »

---

1. Il s'agit d'un **libretto della Cassa di Risparmio** : *livret de la Caisse d'Epargne.*
2. △ pluriel irrég. de **mille** : **mila.** Faites le calcul de la somme en songeant qu'à l'époque lire et franc étaient équivalents.
3. Il s'agit bien sûr du métier que la mère de Marcella a suggéré.
4. Le superlatif est souvent rendu par la répétition de l'adverbe ou de l'adjectif.
5. Verbe **assopirsi** ; cf. *soporifique.* Voir n. 15, p. 35.
6. Verbe **frullare** : *fouetter* (des œufs, de la crème) ; **frullino** : *fouet de cuisine* ; **frullato di frutta** : *fruits battus* au *mixeur* (**frullatore**) avec du lait. Ici sens figuré.

Adelmo l'avait présentée comme une noble dame de Ravenne. Mais le plus merveilleux c'était d'aller en auto danser à Casalecchio, en plein air, avec les montagnes tout autour, de parler à mi-voix comme des gens très importants. La dernière fois qu'elle y était allée, c'était avant-hier au soir. Et maintenant...

« Si ça se trouve, demain je vais recevoir un livret de cent mille lires. Ils vont certainement me donner quelque chose, se disait Evelina; mais même s'ils me donnent quelque chose, qu'est-ce que je vais faire si mon père ne me reprend pas ? Non, pas ça, je ne veux pas. Qu'est-ce que je vais faire alors ? » Et tandis que tout doucement, vaincue par la fatigue, elle s'assoupissait, dans sa tête voltigeait la chansonnette que l'orchestre jouait avant qu'elle ne quitte le bal : « Vivre sans mélancolie — vivre dans les folies du monde. »

• En 1954 le célèbre photographe américain Paul Strand, à la demande de Cesare Zavattini, le non moins célèbre scénariste des films de De Sica, a photographié les lieux et les hommes de Luzzara, un bourg des berges du Pô (patrie du fromage parmesan), et ces images ont été publiées par Einaudi sous le titre *Un paese*. On se croirait dans la nouvelle de Delfini et pas seulement à cause de la proximité des lieux. Vingt ans plus tard, Zavattini a renouvelé l'expérience au même endroit avec le photographe Gianni Berengo Gardin, et le même éditeur a publié *Un paese vent'anni dopo*. Les êtres et les choses n'ont que très légèrement changé. On trouve encore ces deux livres chez les bouquinistes et soldeurs.

Massimo BONTEMPELLI
(1878-1960)

Il giro del mondo
Le tour du monde
(1938)

Né à Côme, mort à Rome, Bontempelli fut, comme
Carducci, professeur, poète classe qu'on pourrait pare-
niste, romancier, dramaturge, académicien — et surtout
En réaction contre « le verbiage décimanesque, emphatique
de D'Annunzio et le psychologisme proustien », il se ré-
fonde avec Curzio Malaparte la revue 900, à « 900 » écrit
en français et à laquelle collaborèrent J. Joyce, G. Kaiser,
I.-P. Fargue, R.-M. Rilke, V. Woolf. C'est à ces recherches
qu'il appelle « le réalisme magique » se précise en 1926, il re-
connais, maître solide un peu plus tard, il « un style
autour une certaine atmosphère de magie, qu'il se efface
à travers une inquiétude intense, comme une vise, à travers où se renouvelait profonde notre vie et... ses lumineux
romans, La vita intensa, 1918 (La vie intense), La donna
amorosa, 1920 (La vie amoureuse), qui sait rendre
retrouver le naturel dans l'invraisemblable, à faire coha-
le quotidien, « la fable métaphysique » et... à installer «
dans le réel. On pense aux surréalistes, mais surtout à la
peinture de De Chirico, surtout dans une œuvre comme La
scacchiera davanti allo specchio, 1922 (L'échiquier devant
le miroir), ce qui n'exclut pas un ton, à l'humour métaphysique dans les romans : Il figlio di due madre, 1929 (Le fils
de deux mères) ; Vita e morte di Adria et dei suoi figli, 1930
(La vie et la mort d'Adria et de ses enfants), le roman fantastique, 1953 ; Gente nel tempo, 1937...

Cette écriture implacable qui joue tour à tour du classique
et de l'absurdité a influencé des écrivains comme Landolfi,
Buzzati, Calvino.

Massimo BONTEMPELLI
(1908-1969)

Il giro del mondo
Le tour du monde
(1938)

Né à Côme, mort à Rome, Bontempelli fut élève de Carducci, professeur, poète classique puis futuriste, journaliste, romancier, dramaturge, académicien... et sénateur.

En réaction contre « le vérisme déprimant, l'esthétisme de D'Annunzio et le psychologisme proustien », en 1926 il fonde avec Curzio Malaparte la revue *900*, d'abord rédigée en français et à laquelle collaborèrent J. Joyce, I. Ehrenburg, L.-P. Fargue, R.-M. Rilke, V. Woolf. C'est là qu'il définit ce qu'il appelle « le réalisme magique » : « précision réaliste des contours, matière solidement plantée sur le sol ; et tout autour une certaine atmosphère de magie qui fasse sentir, à travers une inquiétude intense, comme une autre dimension où se trouverait projetée notre vie ». Dès ses premiers romans, **La vita intensa**, 1919 (*La vie intense*), **La vita operosa**, 1920 (*La vie laborieuse*), on sent cette volonté de retrouver le naturel dans l'invraisemblable, la magie dans le quotidien, « la fable métaphysique » et le « mythe » dans le réel. On pense aux surréalistes, aux futuristes, à la peinture de De Chirico, surtout dans une œuvre comme **La scacchiera davanti allo specchio**, 1922 (*L'échiquier devant le miroir*), ce qui n'exclut pas un ton halluciné et dramatique dans les romans, **Il figlio di due madri**, 1929 (*Le fils de deux mères*) ; **Vita e morte di Adria e dei suoi figli**, 1930 (*La vie et la mort d'Adria et de ses enfants*) ; **L'amante fedele**, 1953 ; **Gente nel tempo**, 1937.

Cette écriture implacable qui joue tour à tour de la logique et de l'absurdité a influencé des écrivains comme Landolfi, Buzzati, Calvino.

Una volta sola nella mia vita ho firmato una cambiale [1]. Ero giovanissimo. La cambiale era piccola : cento lire. Ma in quei tempi, e a quella età, mi pareva enorme. E cresceva [2] : di giorno in giorno che s'avvicinava la scadenza [3], la somma nella mia mente cresceva d'importanza e di spavento. Quando mancarono [4] quattro giorni alla data fatale, caddi [5] in una tanta prostrazione che la sera dovetti mandare per [6] il medico. Il medico dichiarò ch'ero affetto [7] da grave accasciamento [8] del sistema nervoso e mi ordinò come cura d'andar a fare il giro del mondo. Il treno partiva la mattina dopo alle sei e sei. Feci súbito la valigia, e alle cinque e trentacinque ero alla stazione, con l'alba.

(Lo scopo [9] di questo racconto è soltanto di esporre brevemente le cose principali che ho fatte e viste — osservazioni e avventure — in quel giro. Ma per i lettori mediocri che avessero la curiosità meschinissima [10] di sapere com'è finito l'affare del mio debito di cento lire, dirò, che da ognuno dei paesi ove sono passato nel giro del mondo, io scrivevo al mio creditore chiedendogli scusa per la mia partenza : così alla fine lui s'è trovato una gran collezione di francobolli [11], l'ha venduta a un appassionato per trentasettemila lire, e m'ha restituito la cambiale.)

Con l'alba ero dunque alla stazione, la stazione di Caldiero, che è un paesetto tra Verona [12] e Vicenza [13]. Entrai. Era autunno già vecchio : freddoloso, lamentevole [14] ; l'aria grigiastra [15] e bavosa [16]. Entrai nella sala d'aspetto. Osserviamo.

---

1. Ou *lettre de change* ; de **cambio** : *change*. *La cambiale di matrimonio* : opéra de **Rossini**.
2. v. **crescere** : *croître, grandir*.
3. De **scadere** : *échoir, expirer* ; d'où **scadente** : *piètre, minable* ; **data di scadenza** : *date de péremption*.
4. Forme idiomatique ; **manca un giorno alla partenza** ; voir p. 26. **Mancano pochi minuti alle sette.**
5. Voir n. 11, p. 73.
6. Contraction de **mandare uno per chiamare...**
7. p.p. d'un verbe qui n'est plus usité ; **un affetto** : *sentiment, affection* ; d'où **affettuoso, affettuosamente**.
8. **accasciar(si)** : *(s')effondrer*. Aujourd'hui on dirait : **esaurimento nervoso** : *dépression nerveuse*.
9. Syn. **meta** (voir plus loin), **traguardo** (*ligne d'arrivée*).
10. **meschino** : *médiocre, étriqué, chétif* et plus rarement *mesquin*.

Une seule fois dans ma vie j'ai signé une traite. J'étais très jeune. La traite était petite : cent lires. Mais à cette époque-là, et à cet âge-là, elle me paraissait énorme. De plus, elle grossissait et, au fur et à mesure que se rapprochait l'échéance, grossissaient dans mon esprit l'importance et la terreur de la somme. À quatre jours de la date fatale, je tombai dans une telle prostration que, le soir, je dus appeler le médecin. Le médecin déclara que j'étais atteint d'un grave épuisement du système nerveux, et la cure qu'il me prescrivit fut de faire le tour du monde. Le train partait le matin suivant à six heures six. Je préparai aussitôt ma valise, et à cinq heures trente-cinq j'étais à la gare, avec l'aube.

(Ce récit ne se propose que de relater brièvement les principales choses que j'ai faites et vues — observations et aventures — au cours de ce tour du monde. Mais pour les lecteurs médiocres qui auraient la curiosité, on ne peut plus triviale, de savoir comment s'est terminée l'histoire de ma dette de cent lires, je dirai que, de chacun des pays où je suis passé dans ce tour du monde, j'écrivais à mon créancier en lui demandant de m'excuser d'être parti : il s'est ainsi retrouvé avec une énorme collection de timbres qu'il a vendue à un amateur pour trente-sept mille lires, et il m'a rendu ma traite.)

Avec l'aube j'étais donc à la gare, la gare de Caldiero, une bourgade entre Vérone et Vicence. J'entrai. C'était un automne déjà vieillissant : frileux, pitoyable ; l'air grisâtre et crachouillant. J'entrai dans la salle d'attente. Observons.

---

11. Autrement dit, **bollo** (*timbre, cachet, tampon*) pour **affrancare** ; **carta da bollo** : *papier timbré* ; **bollo di circolazione** : *vignette*.
12. La ville de Roméo et Juliette, de la saison lyrique estivale des Arènes, de l'église romane de San Zeno et la ville natale de Paolo Caliari dit **Véronèse** (1528-1588) qui a beaucoup travaillé à Venise puisque Vérone appartint à la République de Venise de 1406 à 1796.
13. La ville du grand architecte **Palladio** (1508-1580) qui construisit dans toute la Vénétie une multitude de palais, églises et villas et, surtout, le premier véritable théâtre clos avec gradins en amphithéâtre et décors fixes de bois représentant la vue en perspective d'une ville : **il Teatro Olimpico**.
14. Suff. **-evole** (ou **-a(e)(i)bile**) = *-able* ; **pieghevole**, **amabile**...
15. Suff. **-astro** péjoratif, **biancastro**, **bluastro**...
16. *baveux*, que nous n'avons pas osé laisser tel quel.

C'era una tavola, una panca, una sedia e una stufa[1] : la sedia vicino alla stufa, la panca dall'altra parte. Posai la valigia sulla tavola e d'istinto andai a sedere sulla sedia, cioè accanto alla stufa ; ma la stufa era spenta[2]. Avevo sonno ; lo vinsi[3], il pensiero del giro del mondo m'incuteva[4] rispetto. Mi proponevo cavarne gran frutto[5] di avventure e osservazioni. Perciò ricominciai a guardare intorno con molta attenzione, se trovavo qualche cosa di osservabile. Nella parete in faccia a me un cartellone in francese, tutto chiaro e azzurro, rappresentava il lido di Ostenda. Mi domandavo come mai[6] gli albergatori[7] di Ostenda avessero pensato a mandare un richiamo ai cittadini di Caldiero. Poi continuai a osservare.

A venti centimetri a destra dal cartellone, ma un po' piú in alto, proprio nell'angolo tra le due pareti, e precisamente all'incrocio[8] con una linea di colore che fregiava[9] tutt'intorno il biancastro del muro, vidi un grosso coso[10] nero pendente che d'un tratto rabbrividendo[11] riconobbi[12] per un ragno[13], pessimo augurio[14] a quell'ora. Cercai di sofisticare che (date le mie abitudini di quel tempo) quell'ora fosse ancora sera, e non mattina ; qualche volta (ma non a Caldiero) rincasando[15] alle cinque avevo detto « buona sera » al portiere[16] dell'albergo. E in tal caso l'augurio sarebbe stato buono. Ma non accettai il sofisma. Cercai di guardare altrove per non vedere la bestia. Mi sforzai di non averla veduta. Volevo continuare a osservare. Ma intorno non c'era niente, niente, e il mio sguardo continuava a cadere sul maledetto[17] ragno.

---

1. v. **stufare** : cuire très longtemps, à l'étuvée ; de là l'expression populaire **essere stufo** : *en avoir marre*.
2. Voir n. 7, p. 88.
3. v. **vincere** ; p.s. **vinsi** ; p.p. **vinto**. Giovanni **Verga**, le grand écrivain vériste sicilien (1840-1922), avait prévu d'intituler *I Vinti* un cycle de romans sur le modèle de Balzac ou Zola ; mais il n'en écrivit que deux : *I Malavoglia* et *Mastro don Gesualdo*.
4. **incutere** : *infiltrer sous la peau* ; cf. *cutané*.
5. Même sens figuré qu'en français ; **sfruttare** : *exploiter*.
6. Expression idiomatique : *comment donc, comment se fait-il ?*
7. De **albergo** : *hôtel* ; le mot français est employé pour les établissements de luxe ; **ostello della gioventù** : *auberge de jeunesse*.
8. De **croce** : *croix* ; **incrociare** : *croiser* ; **un crocevia** : *un carrefour* ; **testa e croce** : *pile ou face* ; **croce e delizia** : *supplice*

Il y avait une table, un banc, une chaise et un poêle : la chaise près du poêle, le banc de l'autre côté. Je posai ma valise sur la table et instinctivement j'allai m'asseoir sur la chaise, c'est-à-dire à côté du poêle, mais le poêle était éteint. J'avais sommeil ; je résistai pourtant ; la pensée du tour du monde m'imposait le respect. Je me proposais d'en retirer une grande moisson d'aventures et d'observations. C'est pourquoi je recommençai à regarder attentivement autour de moi pour y trouver quelque chose d'observable. Sur le mur en face de moi, un panneau-réclame bleu dans les tons clairs, en français, représentait la plage d'Ostende. Je me demandais comment les hôteliers d'Ostende avaient bien pu penser à signaler leur existence aux citoyens de Caldiero. Puis je continuai à observer.

À vingt centimètres à droite du panneau, mais un peu plus haut, juste dans l'arête entre les deux murs et précisément à l'intersection avec une ligne qui faisait une frise colorée tout le long du mur blanchâtre, je vis pendre un gros machin noir où tout à coup je reconnus en frissonnant une araignée, du plus mauvais augure à cette heure. J'essayai de me persuader (par des sophismes qui alors m'étaient coutumiers) qu'à cette heure c'était encore le soir et non le matin ; parfois (mais pas à Caldiero), en rentrant à cinq heures, j'avais dit « bonsoir » au portier de l'hôtel. Et, dans ce cas, la bête aurait été de bon augure. Mais je refusai ce sophisme. J'essayai de regarder ailleurs pour ne pas voir la bête. Je m'évertuai à faire comme si je ne l'avais pas vue. Je voulais continuer à observer. Mais autour de moi il n'y avait rien, rien, et mon regard continuait à se porter sur la maudite araignée.

---

   et délice, expression devenue proverbiale tirée de **La Traviata** de Verdi.

  9. fregio : *décoration, frise.*

10. Masc. populaire de **cosa** : *truc, machin* ; **chi è quel coso ?** *qui est ce type ?*

11. De **brivido** : *frisson.*

12. Voir n. 15, p. 11.

13. △ masc. en italien ; **la ragnatela** : *la toile d'araignée* ; la superstition est la même mais ne prend pas forme de dicton.

14. gli auguri sont aussi les vœux qu'on échange non seulement pour **Capodanno** mais aussi pour **Natale** (*Noël*) et **Pasqua** (*Pâques*).

15. rincasare : *rentrer* à la maison.

16. C'est aussi le gardien de but au football. **Zoff fu un celebre portiere della squadra d'Italia.**

17. ≠ **benedetto**.

Allora risolsi[1] di buttarmi allo sbaraglio[2], e fissarlo senza paura.

Così sfidandolo[3], m'accorsi[4] che lui non si muoveva.

Desiderai ardentemente che si movesse, ma lui stava fermo.

La cosa mi parve[5] un problema enorme, e stavo per affrontarlo con l'analisi, quando udii un rumore improvviso dalla parte dell'uscio.

[Perché veniva rumore dalla parte dell'uscio della sala d'aspetto della stazione di Caldiero ?

Perché l'uscio s'apriva.

Lo apriva un uomo, che entrò. Osservandolo, vidi che aveva due valige, una per mano[6]. Probabilmente aveva aperto l'uscio con un piede. Entrò impettito[7] e venne a deporre le due valige sulla tavola. Poi andò a chiudere l'uscio, con le mani. Poi tornò verso la tavola.

E io osservai che il signore impettito aveva collocato[8] le due valige un po' discoste[9] dalla mia, e bene accostate[9] tra loro. Le sue facevano gruppo di fronte alla mia, sola come Orazio Coclite[10]. Il signore impettito le toccò ancora, leggermente, ordinandole in modo che il loro orlo riuscisse[11] ben parallelo all'orlo della tavola. Poi si scostò[9] di nuovo, e dette uno sguardo — io lo osservavo bene — uno sguardo di disprezzo[12] alla mia valigia.

Sulle prime pensai che la guardasse a quel modo perché era di tela, e le sue di finto[13] cuoio[14]. Non mi sarebbe[15] spiaciuto fargli osservare che per il rispetto morale è meglio essere di tela vera che di cuoio finto.]

---

1. v. **risolvere** ; p.s. **risolsi** ; p.p. **risolto**.
2. **sbaraglio** : *déroute* ; m. à m. *se jeter dans*, *affronter le danger*.
3. **la sfida** : *le défi*. *Ettore Fieramosca o La Disfida di Barletta*, très populaire roman historique de **Massimo d'Azeglio** (1833) destiné à réveiller le sentiment national des Italiens.
4. v. **accorgersi** ; p.s. **accorsi** ; p.p. **accorto** : *avisé*.
5. Voir n. 13, p. 43.
6. ⚠ à la préposition **per** qui a de multiples sens : 1. (le plus fréquent) *pour* : **alzò la testa per vedere il ragno** ; 2. (notion de temps) *pendant* : **parte in viaggio per diversi mesi** ; 3. (lieu) *par* : **tornando, passerà per Genova** ; sans compter des expressions idiomatiques : **per lo più**, *le plus souvent* ; **arrivarono per primi**, *ils arrivèrent les premiers* ; **stavo per affrontarlo**, *j'allais l'affronter*...
7. Voir n. 12, p. 33.

Alors je résolus de jouer le tout pour le tout et de la regarder hardiment.

Dans ce regard de défi, je m'aperçus qu'elle ne bougeait pas. Je désirai ardemment qu'elle bougeât, mais elle restait immobile.

La chose me sembla constituer un problème, et non des moindres, et je m'apprêtais à l'affronter par l'analyse, lorsque j'entendis un bruit inopiné du côté de la porte.

Pourquoi y avait-il un bruit du côté de la porte de la salle d'attente de la gare de Caldiero ?

Parce que la porte s'ouvrait.

Un homme l'ouvrait, lequel entra. En l'observant, je vis qu'il avait deux valises, une dans chaque main. Il avait probablement ouvert la porte avec le pied. Il entra en plastronnant et vint déposer ses deux valises sur la table. Puis il alla fermer la porte, avec les mains. Puis il revint vers la table.

J'observai alors que le monsieur plastronnant avait placé ses deux valises un peu écartées de la mienne, et bien rapprochées l'une de l'autre. Les siennes formaient un groupe en face de la mienne, seule comme Horatius Coclès. Le monsieur plastronnant les toucha encore, légèrement, les déplaçant de manière à ce que leur bord soit bien parallèle au bord de la table. Puis il s'écarta à nouveau, et jeta un regard — je l'observais attentivement — un regard de mépris à ma valise.

De prime abord, je pensai qu'il la regardait de cette façon parce qu'elle était en toile et que les siennes étaient en faux cuir. Je n'aurais pas été mécontent de lui faire remarquer que, moralement parlant, il vaut mieux être en vraie toile qu'en faux cuir.

---

8. De **loco**, forme ancienne de **luogo** ; **ufficio di collocamento** : *bureau de placement*.
9. De **costa** : *côte, côté* ; **(di)scostare** : *écarter* ; **accostare** : *rapprocher*.
10. Héros de l'Antiquité romaine qui défendit à lui seul le pont Sublicius contre l'armée de **Porsenna**.
11. **riuscire** (mêmes irrég. que **uscire**) : *réussir*, d'où les sens dérivés de *devenir, paraître* ; **questo suo atteggiamento non mi riesce chiaro** : *son attitude ne me semble pas claire*.
12. Le mot **prezzo** : *prix* donne les v. **apprezzare** : *apprécier* et **disprezzare** : *déprécier, mépriser*.
13. Voir n. 16, p. 17.
14. L'italien distingue nettement **cuoio** de **pelle**, *cuir souple, peausserie*. **Una scarpa di pelle con la suola di cuoio.**
15. Le v. **piacere** et ses composés se conjuguent avec l'aux. *être*.

Ma poi, ripensando meglio l'inclinazione delle sue ciglia[1] durante il disprezzo, capii che questo derivava non già[2] dalla materia o forma della mia valigia, bensì[2] dalla sua collocazione nello spazio : cioè la mia era messa là alquanto alla buona[3], la linea del suo orlo[4] non era parallela a quella della tavola, ma l'avrebbe incontrata un po' prima che all'infinito. Sorrisi tra me di questa scoperta. Altre sorprese[5] — intuii — mi serbava[6] l'incontro col signore impettito ; il quale frattanto[7] aveva eseguito una marcia[8] fino alla panca e aveva spolverato[9] questa con un fazzoletto. Allora si voltò, restò ancora un momento in piedi[10] guardandomi di là, poi sedette[11].

Questo, chi sa perché, mi fece ripensare al mio ragno. Non volli guardar súbito[12] se c'era ancora. Mi proposi[13] di raggiungerlo, con il mio sguardo, non più seguendo il cammino breve (cioè i detti[14] venti centimetri di muro, verso destra), ma per il cammino opposto, lunghessa tutta la linea di colore che girava le quattro pareti.

(Chiunque abbia[15] viaggiato molto, e aspettato molti treni in piccole stazioni all'alba, capisce queste cose. Chi non ha viaggiato farà meglio a non leggermi, mai.)

Il mio sguardo aveva percorso appena un quarto[16] del cammino — e io stavo perciò col collo storto a sinistra e in su, come una marionetta appesa[17] male — quando il signore impettito parlò.

---

1. Rappel : **il ciglio**, **le ciglia** ; voir n. 14, p. 27. **ciglio** est souvent employé pour **sopracciglio** : *sourcil.*
2. **non già... bensì** : *non pas (tellement)... mais bien.*
3. Comme le français, mais plus concis. **Che Dio te la mandi buona !** (sous-entendu **fortuna**) : *Que Dieu te protège !*
4. C'est aussi l'ourlet d'un vêtement.
5. v. **sor(prendere)**, mêmes irrég. que **prendere** ; voir n. 7, p. 12.
6. v. **serbare** : *garder, conserver* ; **tenere in serbo** : *garder en réserve* ; **un serbatoio** : *un réservoir.*
7. Syn. **intanto**.
8. Ce mot appartient au vocabulaire militaire comme il le convient pour **un signore impettito**. Dans la langue courante : **una camminata, una gita**.

Mais par la suite, en repensant à l'inclinaison de ses sourcils au moment du mépris, je compris qu'il s'agissait moins de la matière ou de la forme de ma valise que de sa situation dans l'espace : autrement dit, la mienne était placée là plutôt à la bonne franquette, la ligne de son bord n'était pas parallèle à celle de la table en sorte qu'elles se seraient rencontrées un peu avant l'infini. Je souris en moi-même de cette découverte. Bien d'autres surprises — j'en eus l'intuition — me réservait la rencontre avec le monsieur plastronnant qui, entre-temps, avait exécuté une marche jusqu'au banc et avait épousseté ce dernier avec un mouchoir. Alors il se retourna, resta encore quelques instants debout à me regarder de loin, puis s'assit.

Cela, allez savoir pourquoi, me fit repenser à mon araignée.

Je ne voulus pas regarder aussitôt si elle était encore là. Je me proposai de l'atteindre du regard, non plus par le chemin le plus court (à savoir, les vingt centimètres de mur que j'ai dits, vers la droite), mais par le chemin opposé, celui de la ligne colorée qui suit tout du long les quatre murs.

(Quiconque a beaucoup voyagé, et attendu une multitude de trains dans de petites gares à l'aube, comprendra ces choses. Celui qui n'a pas voyagé fera mieux de ne pas me lire, jamais.)

Mon regard avait parcouru à peine un quart du chemin — et j'avais donc le cou tordu vers la gauche et en l'air, comme une marionnette accrochée de travers — quand le monsieur plastronnant parla.

---

9. **spolverare** : togliere la polvere.
10. Δ l'expr. **mettersi in piedi** : *se lever.*
11. Le v. **sedere** (comme **credere** et **dovere**) a un p.s. régulier : **sedei... sedè** et un p.s. irrég. : **sedetti... sedette.**
12. Ce mot prend parfois un accent pour éviter la confusion avec **subito** p.p. du v. **subire.**
13. Voir n. 16, p. 47 et n. 4, p. 82, pour les irrég. des v. en **-orre**. Au présent : **pongo, poni, pone, poniamo, ponete, pongono.**
14. Le mot se retrouve dans l'expression **così detto** : *soi disant, prétendu.*
15. Ce subj. indique que le narrateur fait une supposition.
16. *quatrième* ou *quart.* **Un quarto di vino bianco.**
17. v. **(ap)pendere** ; p.s. **appesi** ; p.p. **appeso.**

In quel momento non lo vedevo, ma udendo [1] la voce capii súbito ch'era lui. Non perché non c'erano altri nella sala, questo non ha nessuna importanza. Avrei capito ch'era la voce di lui [2], anche in mezzo a una folla. Era una voce impettita, una voce di cuoio finto. Aveva detto :

— Signore !

Il signore per lui ero io [3]. Perciò mi voltai e risposi :

— Dica [4].

— Perché lei occupa il solo posto vicino alla stufa ?

— Perché aspetto il treno delle sei e sei.

— Non vedo il nesso [5]. Comunque, anch'io aspetto il treno delle sei e sei.

— Io sono venuto prima.

— **Ragione di più per cedermi il posto. Il diritto è alterno.**

— Ottimamente [6] – risposi – io sono disposto [7] a cederle la sedia, tanto più che non ci tengo, per una ragione che non sto a dirle [8]. Ma in via puramente teorica, e per mia norma in vista di possibili futuri incidenti, mi dica come si risolverebbe la questione [9] se fossimo arrivati insieme.

Pensò un momento aggrottando le ciglia. Mi ricordò un ritratto [10] del siniscalco Raimondo Lullo [11], che avevo veduto chi sa quando. Ora parlò :

— Ecco [12]. Nel caso che lei dice, il diritto è di colui che si accinge [13] ad andare più lontano.

Sorrisi gioiosamente tra me nella certezza di essere imbattibile [14] su questo punto. Egli dichiarò :

---

1. Le v. **udire** est de plus en plus souvent remplacé par **sentire** ; l'**udito** : *l'ouïe*.
2. △ expression de la possession : **di chi è questa valigia ? è del signore impettito** (sous-entendu : **(quella) del signore...**).
3. L'italien ne traduit pas le **c'** de *c'est, c'était...* Il rend le *c'est moi, c'est toi...* par **sono** (**ero, fui, sono stato**) **io, sei tu, è lui, siamo noi, siete voi, sono loro.**
4. (**che lei**) **dica** : subj. pour rendre l'impératif à la pers. de politesse.
5. D'où **connesso, annesso** : *connexe, annexe*.
6. De **ottimo**, superlatif de **buono**, donc excellemment.
7. p.p. irrég. de (**dis**)**porre**.

À ce moment-là je ne le voyais pas, mais à la voix je compris tout de suite que c'était lui. Non pas parce qu'il n'y avait personne d'autre dans la salle, cet élément est sans importance. J'aurais reconnu sa voix à lui, même au milieu d'une foule. C'était une voix plastronnante, une voix de faux cuir. Il avait dit :

— Monsieur !

Le monsieur en question, c'était moi. Je me retournai donc et répondis :

— Qu'y a-t-il ?

— Pourquoi occupez-vous la seule place près du poêle ?

— Parce que j'attends le train de six heures six.

— Je ne vois pas le rapport. D'ailleurs, moi aussi j'attends le train de six heures six.

— Mais je suis arrivé avant vous.

— Raison de plus pour me céder la place. C'est un droit alternatif.

— Parfaitement, répondis-je, je suis disposé à vous céder la chaise, d'autant plus que je n'y tiens pas, pour une raison que je vous épargne. Mais sur un plan strictement théorique, et pour ma simple gouverne dans l'éventualité de futurs incidents, dites-moi comment se réglerait le différend si nous étions arrivés ensemble.

Il réfléchit un instant en fronçant les sourcils. Il me rappela un portrait du sénéchal Raymond Lulle, que j'avais vu Dieu sait quand. Puis il parla :

— Voilà. Dans le cas que vous évoquez, le droit revient à celui qui se destine à aller le plus loin.

Je souris joyeusement en mon for intérieur, certain d'être imbattable sur ce point. Il déclara :

---

8. Emploi idiomatique de **stare** comme dans l'expression **stare per...** : **non sto a raccontarvi !** : *je ne vous raconte pas !*
9. ▲ ne pas confondre **questione** : *démêlé, dispute* et **domanda** : *question ≠* **risposta**.
10. De **(ri)trarre** : *représenter, donner une image*. Voir n. 6, p. 84.
11. Écrivain et alchimiste catalan (1235-1315), auteur du Grand art, un des ouvrages les plus curieux de la scolastique, bienvenu dans cette controverse subtile.
12. Directement du latin *ecce*.
13. **accingersi a...** : *s'apprêter, se mettre, se préparer à...* **Si accingeva a partire col treno delle sei.**
14. Pour le suff. voir n. 14, p. 127.

— Io vo[1] a Vicenza.

— E io faccio[2] il giro del mondo. Il diritto sarebbe mio.

— Un momento – dice lui. – Noi siamo a Caldiero. Lei fa il giro del mondo. Dunque il suo punto d'arrivo è Caldiero. Il mio punto d'arrivo è Vicenza. Mi pare, caro signore, che Caldiero sia più vicino di[3] Vicenza.

Io ero affascinato.

— O spirito fraterno – gridai tendendo le braccia. – La sedia a lei ! Oh, un momento...

Così m'interruppi, perché avevo improvvisamente ripensato al ragno. Per accertarmi[4] della sua posizione era meglio guardarlo dal medesimo punto di prima. Mentre l'uomo già in piedi aspettava, io ancora seduto guardai.

[Il ragno c'era ancora[5], ed era ancora immobile.

Sul mio volto[6] dovè dipingersi un dolore d'angoscia perché il viaggiatore mormorò :

— Che ha ?

— Nulla. Forse è morto.

— Chi ? – gridò spaventato[7].

Non gli davo più retta[8]. Mi convinsi[9] che il ragno era morto. E mi domandai se un ragno morto, visto di mattina, porta disgrazia[10] come un ragno vivo. Un uomo morto non è più un uomo ; ma l'uomo è fatto a immagine di Dio, e il ragno no.

Risolsi di domandarne[11] a quell'uomo impettito e raziocinante. Gli annunziai :

---

1. Forme ancienne et conservée en Toscane pour **vado** ; voir n. 5, p. 62.
2. De la même façon on aurait pu trouver ici **fo**.
3. Rappel du superlatif : voir n. 4, p. 70.
4. **accertarsi** : **rendersi certo** ; **accertamento** : *vérification, contrôle, recherche*, en particulier pour identifier une maladie.
5. m. à m. *y était encore.*
6. Syn. plus populaires **viso, faccia**. On dira donc **il Sacro Volto** : *la Sainte Face*.
7. **lo spavento** : *l'épouvante*; **lo spaventapasseri** : *l'épouvantail*.
8. D'une expression latine qui signifie oreille tendue, d'où prêter attention ; **non dargli retta** : *ne l'écoute pas*. Revoir la règle de l'impératif négatif, n. 8, p. 74.

136

— Je vais à Vicence.

— Et moi, je fais le tour du monde. Le droit est donc pour moi.

— Un instant, dit-il. Nous sommes à Caldiero. Vous faites le tour du monde. Et donc votre point d'arrivée est Caldiero. Mon point d'arrivée est Vicence. Il me semble, cher monsieur, que Caldiero est plus près que Vicence.

J'étais fasciné.

— Oh, esprit fraternel, m'écriai-je en lui tendant les bras. La chaise vous revient ! Pardon, un instant...

Je m'interrompis car j'avais soudain repensé à l'araignée. Pour m'assurer de sa position il valait mieux la regarder du même endroit que précédemment. Tandis que l'homme s'était déjà mis debout et attendait, je regardai, encore assis.

L'araignée était encore là, et elle était encore immobile.

Il dut passer sur mon visage une couleur d'angoisse car le voyageur murmura :

— Qu'avez-vous ?

— Rien. Elle est peut-être morte.

— Qui ? cria-t-il, épouvanté.

Je ne faisais plus attention à lui. Je me persuadai que l'araignée était morte. Et je me demandai si de voir une araignée morte le matin porte malheur comme si elle était vivante. Un homme mort n'est plus un homme ; mais l'homme est fait à l'image de Dieu ; pas l'araignée.

Je résolus de m'en ouvrir à cet homme plastronnant et ratiocinant. Je lui annonçai :

---

9. v. (con)vincere ; p.s. convinsi ; p.p. convinto ; la convinzione.
10. syn. porta male, porta sfortuna. À ce propos il conviendrait d'évoquer une superstition encore très vivace en Italie concernant des personnes qui pour des raisons mystérieuses ont par leur regard une influence maléfique, le mauvais œil : il malocchio, la iettatura (de gettare). On évite de rencontrer ces personnes et même de les désigner sinon par les initiales de leur nom comme ce fut le cas du grand critique d'art Mario Praz. Il faut lire à ce sujet la nouvelle de Pirandello, La patente.
11. m. à m. en demander (raison).

— Scambiamoci il posto, dopo di che le farò una domanda.

Camminammo, lui verso la sedia e io verso la panca, sfiorandoci[1]. Io raggiunsi[2] la mia mèta prima di lui, e sedetti. Lo vidi raggiungere la sedia, e sedere.

Poi appoggiò cautamente[3] una mano sulla stufa.

— Maledizione, urlò. E' fredda.

— Lo so.

— E perché non me lo ha detto ? soffiò rabbiosamente[4], come uno che si dispone a scoppiare.

— Non si è ragionato di questo, risposi.

Intanto lo vedevo spaventosamente impallidire.

— Vigliacco[5], grugnì[6] con voce strozzata[7]. E d'un tratto reclinò[8] tutto sulla sedia, balbettò ancora dolorosamente « vigliacco », si storse[9] dai piedi al cappello, e morì.]

Guardai bene : era proprio morto, come il ragno. In quel momento il treno delle sei e sei entrava con grande schiamazzo nella stazione di Caldiero. Presi la valigia e uscii, abbandonando i due cadaveri al loro destino. Salii in treno, e a Venezia m'imbarcai sopra un piroscafo[10]. Per l'Adriatico, il Mediterraneo, il Mar Rosso, le Indie, la Cina[11], il Giappone e il Pacifico — fermandomi qua e là — raggiunsi San Francisco donde[12] per terra visitai gli Stati Uniti[13] fino à New York ; poi per l'Atlantico e Gibilterra[14] (ove con una sterlina comperai un bel pigiama di seta grigia) e per la costa di Spagna e il Tirreno, fui a Genova :

---

1. De **fiore**. Autres expressions : **nel fiore degli anni** ; **fior di latte** : *crème fraîche* ; **il fior fiore** : *la fine fleur* ; **a fior di labbra** : *du bout des lèvres*.
2. Voir n. 7, p. 50.
3. **cauto** : *prudent* ; **cautela** : *précaution, circonspection* ; cf. *cauteleux*.
4. De **rabbia** ; syn. **collera**.
5. Le premier sens étant comme pour **vile** : *lâche*.
6. **grugno** : *groin, gueule*. **Fare il grugno**.
7. D'où **strozzino** : *usurier*.
8. Le v. **reclinare** veut généralement dire *pencher, ployer* : **reclinare la testa, il busto**.
9. v. **(s)torcere** ; p.s. **(s)torsi** ; p.p. **(s)torto** ; **una storta** : *une entorse*.

138

— Échangeons nos places, après quoi je vous poserai une question.

Nous marchâmes, lui vers la chaise et moi vers le banc, en nous frôlant. J'atteignis ma destination avant lui et je m'assis. Je le vis atteindre la chaise et s'asseoir.

Puis il posa précautionneusement une main sur le poêle.

— Malédiction, hurla-t-il, il est froid.

— Je le sais.

— Et pourquoi ne me l'avez-vous pas dit ? écuma-t-il de rage, comme quelqu'un qui s'apprête à éclater.

— C'est un sujet que nous n'avons pas abordé, répondis-je.

Cependant je le voyais pâlir effroyablement.

— Salaud, grogna-t-il d'une voix étranglée. Et tout à coup, il s'affaissa sur sa chaise, balbutia encore douloureusement « salaud », se tordit des pieds au chapeau, et mourut.

Je regardai soigneusement : il était vraiment mort, comme l'araignée. À ce moment-là, le train de six heures six entrait avec un grand fracas dans la gare de Caldiero. Je pris ma valise et je sortis, abandonnant les deux cadavres à leur destin. Je montai dans le train, et à Venise je m'embarquai sur un paquebot. À travers l'Adriatique, la Méditerranée, la mer Rouge, les Indes, la Chine, le Japon et le Pacifique — m'arrêtant çà et là — j'atteignis San Francisco, et de là, par voie de terre, je visitai les États-Unis jusqu'à New York ; puis, à travers l'Atlantique et Gibraltar (où avec une livre sterling j'achetai un beau pyjama de soie grise), et le long de la côte d'Espagne et de la mer Tyrrhénienne, j'arrivai à Gênes :

---

10. *bateau à vapeur* ; **lo scafo** : *la coque du bateau.*
11. Mais on dit **inchiostro di China** [ʞ] : *encre de Chine.*
12. Contraction de **da onde** = **da dove**.
13. Adj. **statunitense**.
14. Ce préf. **Gibil** (de djebel arabe) se retrouve dans le nom de plusieurs villes siciliennes Gibilrossa, Gibellina... La Sicile fut en effet dominée par les Arabes de 827 à 1072 ; domination encore visible à travers la morphologie des Siciliens (quand ils ne sont pas grands et roux comme leurs autres ancêtres dominateurs normands) et dans les constructions, à Palerme, Monreale, Cefalù... Sur ces diverses dominations étrangères, relire dans *Le guépard* (*Il gattopardo*) de **Giuseppe Tomasi di Lampedusa** la conversation entre le prince et le messager de Victor-Emmanuel.

Di là un treno in meno d'un giorno mi portò a Verona, poi un tranvai [1] a vapore a Caldiero. (Il cadavere del ragno c'era ancora.) Non m'è accaduto [2] altro di memorabile, nel mio giro del mondo, all'infuori delle cose che ho raccontate.

---

1. L'italien avait (nous disons bien avait !) l'heureuse vocation à italianiser les mots étrangers : en plus de **sterlina**, **pigiama**, **tranvai**, citons **bistecca**, **vagone**, **barista**...
2. Voir n. 2, p. 30.

De là, en moins d'un jour, un train m'emmena à Vérone, puis un tramway à vapeur à Caldiero. (Le cadavre de l'araignée était encore là.) Il ne m'est rien arrivé d'autre qui soit mémorable, lors de mon tour du monde, en dehors des choses que j'ai racontées.

Italo SVEVO
(1861-1928)

Giacomo
Giacomo
(1920 ?)

Né en 1861 dans une Trieste alors autrichienne, et destiné très tôt à poursuivre la carrière commerciale de son père, l'employé de banque Ettore Schmitz (Italo Svevo est un surnom destiné à honorer ses deux origines : italienne par sa mère ; allemande et juive par son père) arrachera obstinément au négoce le temps d'écrire.

Des revers de fortune familiaux, la nécessité de collaborer à l'entreprise de son beau-père, l'écartent de la carrière littéraire tout autant que l'insuccès notoire de ses deux premiers romans : *Una vita* (*Une vie*) en 1892 et *Senilità* (*Sénilité*) en 1898.

C'est en 1923 que la publication de **La coscienza di Zeno** (*La conscience de Zeno*) lui donne enfin la notoriété. Remarqué par Montale, encouragé par Joyce alors professeur d'anglais à Trieste, diffusé en France par Valery Larbaud et Benjamin Crémieux, ce roman est inspiré par les recherches de Freud dont Svevo avait traduit *L'interprétation des rêves*. « C'est un grand homme que notre Freud mais davantage pour les romanciers que pour les malades », disait Svevo qui avait essayé la psychanalyse sur lui-même avant de faire de cette expérience matière de roman.

La plupart des nouvelles, les essais, les pièces de théâtre et la correspondance ont été publiés après sa mort, entre 1929 et 1966, textes épars et souvent inachevés.

Le « barbarisme grammatical » de ce grand lecteur de classiques — mais imprégné de culture allemande —, barbarisme qui n'est pour Gianfranco Contini « qu'une enveloppe superficielle dont il est facile de faire abstraction et qui n'altère pas la puissance expressive », a longtemps freiné la reconnaissance de Svevo comme l'un des écrivains italiens les moins conformistes.

Nelle mie lunghe peregrinazioni a piedi traverso le campagne del Friuli[1] io ho l'abitudine d'accompagnarmi a chi incontro e di provocarne le confidenze. Io vengo detto[2] chiacchierone ma pure sembra che la mia parola non sia tale da[3] impedire l'altrui[4] perché da ogni mia gita[5] riporto a casa comunicazioni importanti che illuminano di vivida luce il paesaggio per cui passo. Le casette nel paesaggio mi si palesano[6] meglio e nella verde campagna ubertosa[7] scorgo oltre che la bella indifferenza che ha ogni manifestazione di una legge, anche la passione e lo sforzo degli uomini dei quali la legge non è tanto evidente[8].

Venivo da Torlano e camminavo verso Udine quando mi imbattei[9] in Giacomo, un contadino circa trentenne[10] vestito anche più miseramente dei soliti[11] contadini. La giubba[12] era sdruscita e la maglia di sotto anche. La pelle che ne trapelava[13] aveva qualche cosa di pudico anch'essa, quasi fosse stata un altro vestito così bruciata dal sole. Per camminare meglio portava le scarpe in mano e i piedi nudi non pareva evitassero[14] le pietre. Ebbe bisogno di uno zolfanello[15] per una sua piccola pipa e la conversazione fu avviata. Non so che cosa egli abbia appreso da me ma ecco quello che io sentii da lui. Preferisco di[16] raccontare la storia con le mie parole prima di tutto per farla più breve e poi per la ragione semplicissima che non saprei fare altrimenti.

---

1. Région de l'Italie du Nord où l'on parle le frioulan (ladin oriental). Ballottée entre l'Italie et l'Autriche, elle fut définitivement annexée à l'Italie en 1866 et forma en 1947 avec les parties des provinces de Gorizia et Trieste demeurées italiennes le Friuli-Venezia Giulia qui, comme quatre autres régions, bénéficie d'un statut spécial depuis 1963.
2. Voir n. 15, p. 35.
3. Comme **così... da** (voir n. 5, p. 86), **tale... da** utilise le sens de **da** qui définit une fonction.
4. Contraction de **la parola altrui**.
5. De **gire** (v. ancien et poétique) : *aller*.
6. De **palese** : *évident, connu, manifeste*.
7. Littéraire ; du latin *uber* : *mamelle*.
8. Aphorisme de sagesse sur l'art de voyager.
9. Autrement dit : *aller battre le nez sur...*

Dans mes longues pérégrinations à pied à travers la campagne du Frioul j'ai coutume de prendre pour compagnon de route le premier que je rencontre et de solliciter ses confidences. J'ai la réputation d'être bavard mais il semble pourtant que mon bavardage n'aille pas jusqu'à empêcher celui d'autrui puisque de toutes mes promenades je ramène des déclarations importantes qui illuminent d'une vive clarté le paysage que je traverse. Les chaumières m'apparaissent plus nettement et dans la verte et fertile campagne je découvre, outre la belle indifférence que revêt toujours la manifestation d'une loi, la passion et l'effort des hommes dont la loi, elle, n'est pas aussi évidente.

Je venais de Torlano et j'allais vers Udine lorsque je tombai sur Giacomo, un paysan d'une trentaine d'années, vêtu plus misérablement encore que ne le sont d'ordinaire les paysans. Sa veste était déchirée de même que le tricot qu'il portait dessous. La peau qu'elle laissait voir avait elle aussi quelque chose de pudique, brûlée comme elle l'était par le soleil, comme s'il s'était agi d'un autre vêtement. Pour marcher plus aisément il portait ses chaussures à la main et ses pieds nus ne cherchaient pas, semblait-il, à éviter les pierres. Il eut besoin d'une allumette pour sa petite pipe et notre conversation fut engagée. Je ne sais pas ce qu'il apprit de moi mais voici ce que je sus de lui. Je préfère raconter l'histoire avec mes propres mots, avant tout pour l'abréger et pour la simple raison ensuite que je serais incapable de faire autrement.

---

10. Ce suff. **-enne** est une déformation de **anni** et peut s'ajouter à n'importe quel chiffre pour indiquer l'âge.
11. p.p. du v. **solere**, v. défectif irrég. : *lui suole fumare la pipa* : *il a coutume de fumer la pipe.*
12. Mot ancien pour **giacca** ; on le retrouve dans **giubbotto** : *blouson.*
13. v. **trapelare**, attraversare il **pelo** (*poil*), à ne pas confondre avec **la pelle** : *la peau* ; cf. *pellicule.*
14. Observer la construction : **non pareva** (*il ne semblait pas*) **che** (sous-entendu) + subj. **i piedi nudi evitassero.**
15. De **zolfo** : *soufre.* Aujourd'hui on dit plutôt **fiammifero**, ou **cerino** (petit cierge), pour les minuscules allumettes de papier paraffiné ; **accendino** : *briquet.*
16. La construction correcte serait : **Preferisco raccontare.**

La sua durò fino a Udine e anche oltre perché finì dinanzi ad[1] un bicchiere di vino che io pagai. Non trovo che la storia mi sia costata troppo.

Giacomo, nel suo villaggio, era detto il poltrone. Ben presto, già nella sua prima gioventù fu noto[2] a tutti i proprietari per due qualità : quella di non lavorare e quella d'impedire[3] il lavoro anche agli altri. Si capisce come si faccia a non lavorare ; più difficile è intendere come un uomo solo possa impedire[3] il lavoro a ben 40 altri. Vero è che fra quaranta è possibile di[4] trovare degli alleati[5] quando si propugni di non lavorare. Ma si trovano anche degli avversarii perché v'è[6] più gente che non si creda[7] che ha la malattia del lavoro e che vi[6] si accinge con la bava alla bocca vedendo dinanzi a sé una sola meta : quella di finire, di finire tutto, di finire bene. Diamine ! L'umanità lavora da tanti anni che qualche poco di una tale benché innaturale tendenza deve essere entrata nel nostro sangue. Ma nel sangue di Giacomo non ve n'era traccia. Egli sa bene il suo difetto. Dovette accorgersene nel suo povero corpo dimagrito[8] e maltrattato e ritiene[9] che la poca voglia di lavorare sia da lui una malattia. Io mi feci[10] un'altra idea della sua tendenza e penso ch'egli dovrebbe somigliare[11] me che lavoro tanto ma altra cosa. C'è un'affinità fra me e lui[12] ed è perciò che la gita da Torlano ad Udine ed oltre fu per me tanto piacevole.

---

1. Syn. **davanti a**.
2. Cf. *notoriété* ; ≠ **ignoto** ; **il Milite ignoto** : *le Soldat inconnu* ; *Il sorriso dell'ignoto marinaio*, roman (traduit) de **Vincenzo Consolo** : les fascinantes pérégrinations d'un tableau de Antonello da Messina sur fond de Sicile en révolte dans les années 1850.
3. ∆ **impedire una cosa** mais **impedire a qualcuno** (cf. *interdire à*).
4. Cette forme est incorrecte ; l'italien dit : **è facile dire, è difficile fare, era impossibile passare**... sans prép., comme simple inversion du sujet. Svevo n'est pas un modèle pour la correction de la langue ; on peut être grand écrivain sans cela.
5. Même mot pour le nom propre : **gli Alleati sbarcarono a Salerno nel settembre del 1943**.
6. Syn. **c'è** (puisque **y** = **ci** ou **vi**).
7. Noter ce subj. avec valeur de supposition : *plus de gens qu'on ne croirait*...

146

Son histoire dura jusqu'à Udine et même au-delà puisqu'elle se termina devant un verre de vin que je payai. Je ne trouve pas que l'histoire m'ait coûté trop cher.

Dans son village, on appelait Giacomo le fainéant. Très tôt, dès les premières années de sa jeunesse, il fut connu de tous les exploitants pour deux qualités : la première consistait à ne pas travailler, la seconde à empêcher les autres de travailler. Comment faire pour ne pas travailler, c'est facile à comprendre ; en revanche il est plus difficile de concevoir comment un homme seul peut empêcher de travailler une bonne quarantaine d'autres hommes. Il est vrai que parmi ces quarante il est possible de trouver des alliés quand on fait croisade contre le travail. Mais on trouve aussi des adversaires, car il y a plus de gens qu'on ne croit qui ont la maladie du travail et s'y adonnent l'écume aux lèvres, ne poursuivant qu'un seul but : finir, finir tout, finir bien. Diantre ! L'humanité travaille depuis tant d'années que quelque chose de ce penchant, pourtant contre nature, doit avoir pénétré dans notre sang. Pas la moindre trace cependant dans le sang de Giacomo. Il connaît bien son défaut. Il l'a bien identifié dans son pauvre corps amaigri et maltraité et il estime que, chez lui, cette médiocre propension au travail est une maladie. Je fus amené à juger différemment ce penchant qui était le sien, et je pense qu'il devrait y avoir quelque ressemblance entre Giacomo et moi, moi qui travaille tellement mais à d'autres choses. Il y a une affinité entre lui et moi ; c'est pourquoi la promenade de Torlano à Udine, et au-delà, fut pour moi si plaisante.

---

8. v. **dimagrire** ; de **magro** : *maigre* ≠ **grasso** ; **ingrassare**. Ces verbes et un bon nombre d'autres (**ringiovanire** ≠ **invecchiare**, **imbellire** ≠ **imbruttire**, **migliorare** ≠ **peggiorare**, **vivere**, **esistere**...), qui ne peuvent être des v. d'action, se conjuguent avec l'auxiliaire *être*. **Lui è invecchiato mentre tu non sei cambiata, anzi, sei ringiovanita.**

9. Pour irrég. du v. au présent voir n. 17, p. 27. Très employé au sens figuré dans le sens de *croire*, *estimer*, *considérer*, *juger*. **Non ritengo sia necessario lavorare tanto.**

10. Voir n. 15, p. 17.

11. On trouvera plus couramment **somigliare a me** ; **la somiglianza** : **Dio ha fatto l'uomo a sua immagine e somiglianza.**

12. C'est en partie pour cette affinité entre Svevo et Giacomo que nous avons choisi cette nouvelle : Svevo qu'on devait volontiers accuser d'oisiveté quand il préférait l'écriture aux affaires.

Per impedire ad altri di lavorare Giacomo esplicava[1] un'attività di pensiero incredibile. Cominciava col[2] criticare le disposizioni prese[3] per il lavoro. Si trattava di calare[4] del vino in una cantina[5]. Vi lavoravano solo lui e il padrone. Come impedire di lavorare al padrone stesso ? Il primo tinozzo[6] aveva viaggiato con una certa lentezza passando dal carro sulla strada, attraverso un corridoio della casa e giù[7] in cantina. Giacomo, tutto sudato[8], rifletteva. « Vuoi venire ? » chiese minaccioso[9] il padrone. « Stavo pensando » disse Giacomo « che si porta il vino prima in là e poi in qua ; il corridoio va in là e la scala riporta sotto la strada. Perché non fare un'apertura dalla strada alla cantina e calare il vino direttamente al tinozzo ? » La proposta[10] non era di certo troppo stupida ed il padrone si mise a discuterla. Prima di tutto la cantina non era posta[10] direttamente sotto la strada ove c'era il carro ma traverso[11] un'apertura vi si[12] poteva accedere solo da un campo laterale. Giacomo rispose che con certe prudenze il carro poteva benissimo transitare sul campo. E andarono a vedere. Il dislivello[13] non era grande e lo si[12] poteva colmare. E il padrone diceva di no e Giacomo di sì[14]. E ambedue[15] avevano accesa la pipetta. E poi il padrone a corto di argomenti dichiarò che riteneva che una cantina con l'apertura sulla via sarebbe stata danneggiata[16] nella frescura.

---

1. A gardé le sens propre de *déplier* tandis que son doublet **spiegare** a pris le sens figuré de *expliquer*.
2. △ retenir cet emploi de **con** avec cominciare et finire.
3. Revoir les irrég. de **prendere** n. 7, p. 12 et n. 12, p. 14.
4. Se retrouve dans les expressions **il calar del giorno, della notte** : *la tombée du jour, de la nuit*.
5. ▲ ne pas confondre avec **la mensa** : *la cantine* et **la cava** : *la carrière*.
6. De **il tino** : *la cuve* + **-ozzo** suff. augmentatif.
7. ≠ **sù** ; voir n. 8, p. 88.
8. De **sudore** ; **sudario** : *suaire, linceul* ; **la Sacra Sindone** : *le Saint Suaire*, conservé à l'église Saint-Jean de Turin dans une chapelle construite au XVIIᵉ siècle par Guarini, architecte baroque original.

Pour empêcher les autres de travailler, Giacomo déployait une activité d'esprit incroyable. Il commençait par critiquer les dispositions prises pour le travail. S'agissait-il de descendre du vin dans une cave ? Il était seul avec le patron pour cette tâche. Comment empêcher le patron lui-même de travailler ? Le premier baril avait cheminé avec une certaine lenteur, passant de la carriole à la rue, traversant le corridor de la maison pour descendre à la cave. Giacomo, tout en sueur, réfléchissait. « Vas-tu venir ? » l'interpella le patron d'un ton menaçant. « J'étais en train de penser, dit Giacomo, qu'on porte le vin là-bas pour le ramener ici ; on va jusqu'au fond du corridor et puis l'escalier nous ramène à l'aplomb de la rue. Pourquoi ne pas faire une ouverture de la rue à la cave et descendre le vin directement au foudre ? » La proposition, certes, n'était pas des plus stupides et le patron se mit à la discuter. En premier lieu la cave ne se trouvait pas exactement au-dessous du niveau de la rue où l'on amenait la carriole et si l'on pratiquait une ouverture on ne pouvait y accéder que par un champ sur le côté. Giacomo répondit qu'en prenant certaines précautions on pouvait très bien amener la carriole sur le champ. Ils allèrent voir. La dénivellation n'était pas très grande et facile à combler. Le patron disait qu'on ne pouvait pas et Giacomo disait qu'on pouvait. Tous deux avaient allumé leur pipe. Et puis, à court d'arguments, le patron déclara que, selon lui, une cave avec une ouverture sur la rue perdrait de sa fraîcheur.

---

9. De **minaccia** : *menace.*

10. Revoir le p.p. irrég. de **(pro)porre** n. 16, p. 47.

11. Forme plus courante : **attraverso** d'où le v. **attraversare**.

12. Rappel : le pronom réfléchi ne se sépare pas du v. et les autres pronoms sont rejetés devant ; seul **ne** s'intercale : **lui non se ne serve perché non vi si può accedere**.

13. **livello** : *niveau* ; **passaggio a livello**.

14. Retenir l'expression **dire di no, dire di sì** et ne pas confondre **sì** = *oui* et **si** = *se*.

15. Syn. **tutti(e) e due**.

16. De **danno** : *dommage, dégât* ; **dannoso** : *nocif* ; **dannato** : *damné* (mais les dégâts sont irréparables !). Le film de **Visconti**, *Les damnés* (1968), s'intitule en italien *Il crepuscolo degli dei*.

E Giacomo citò le cantine dei paesi circonvicini le quali l'apertura sulla via ce l'avevano. Tutte citò, non dimenticandone una ! Intanto il sole sulla via scaldava[1] il vino e il padrone finì con[2] l'arrabbiarsi[3]. E Giacomo anche. Poco dopo egli andava all'osteria con in tasca[4] i soldi di un quarto di giornata mentre il padrone chiamava in aiuto[5] le donne di casa e i passanti per salvare[6] il suo vino.

Giacomo all'osteria non riposava no ! Egli continuava a discutere sulla necessità di dare una diretta comunicazione con la via ad ogni cantina. E tale fu la sua propaganda che ora nel paesello non c'era cantina che non avesse tale apertura. Ora che ha ottenuto un tanto si dedica[7] attivamente ad un'altra propaganda. Vuole che davanti ad ogni apertura ci sia una gru[8] per calarvi e estrarne ogni sorta di merci[9] pesanti. Voleva convincerne anche me ma io, grazie al Cielo, non ho cantine.

Un giorno Giacomo fece un affare d'oro. Una quarantina di loro lui compreso avevano assunto[10] a contratto la falciatura[11] di un vasto campo. Doveva esserci lavoro per una quindicina di giorni. Avevano eletti[12] dei capi ma i poteri di costoro[13] non erano ben definiti. Giacomo non mancava di puntualità e alle quattro del mattino era sul posto. Cominciò col[2] protestare contro la scelta[14] della parte da cui si doveva cominciare. Di mattina si doveva volgere la schiena[15] al sole.

---

1. △ le préfixe **s-** devant un v. n'est pas toujours l'indication d'un antonyme mais sert à indiquer une action plus longue, plus désordonnée ou métaphorique comme ici ou dans **scorrere** : *s'écouler* ; **sbattere** : *secouer* ; **scacciare** : *chasser* ; **sgridare** : *gronder*...
2. Voir n. 2, p. 148.
3. De **rabbia** : *rage*, *colère*.
4. **intascare** : *empocher* ; **il taschino** : *le gousset*.
5. **aiuto !** *à l'aide ! au secours !* v. **aiutare. Aiutati che Dio t'aiuta.**
6. **sano e salvo** : *sain et sauf* ; **mettere in salvo** : *mettre en sûreté* ; **salvagente** : *bouée de sauvetage* ; **il Salvatore** : *le Sauveur.* △ souvent le **l** équivaut au **u** français : **al, alto, malva, colpo, caldo**...

Alors Giacomo cita les caves des villages environnants qui elles l'avaient, leur ouverture sur la rue. Il les cita toutes, sans en oublier une seule ! Pendant ce temps, dans la rue, le soleil échauffait le vin et le patron finit par se fâcher. Et Giacomo aussi. Peu après il se dirigeait vers le cabaret avec dans la poche le salaire d'un quart de journée, tandis que le patron appelait à l'aide les femmes de la maison et les passants pour sauver son vin.

Giacomo, au cabaret, ne lâchait pas prise, pour ça non ! Il continuait à discuter sur la nécessité de donner à chaque cave un accès direct à la rue. Et sa propagande fut telle qu'il n'y a plus aujourd'hui dans le pays une seule cave qui n'ait une telle ouverture. Parvenu à ses fins, il se consacre désormais activement à une autre propagande. Il veut que devant chaque ouverture on place un treuil pour descendre et remonter toute sorte de denrée pesante. Il voulait me convaincre à mon tour, mais moi, grâce au ciel, je n'ai pas de cave.

Un jour Giacomo fit une affaire en or. Une quarantaine d'hommes, dont il était, avait passé contrat pour la fenaison d'un vaste champ. Il devait y avoir du travail pour une quinzaine de jours. Ils avaient élu des chefs mais les pouvoirs de ces gens-là n'étaient pas bien définis. Giacomo était la ponctualité même et à quatre heures du matin il était sur place. Il commença par contester le choix du côté par lequel on devait commencer. Le matin, il fallait tourner le dos au soleil.

---

7. **la dedica** : *la dédicace*.
8. C'est aussi l'échassier.
9. D'où le nom **merceria** ; **un mercantile** : *un cargo*.
10. v. **assumere** ; p.s. **assunsi** ; p.p. **assunto**. Voir n. 11, p. 12.
11. De **la falce** : *la faux* ; v. **falciare**.
12. v. **eleggere** ; p.s. **elessi** ; p.p. **eletto**. **In Italia il presidente della Repubblica viene eletto da un'assemblea composta dei deputati, dei senatori e dei delegati eletti da ogni regione.**
13. Pluriel de **costui e costei** ; voir n. 11, p. 119.
14. v. **scegliere** irrég. au présent ; **scelgo, scegli, sceglie, scegliamo, scegliete, scelgono** ; p.s. **scelsi** ; p.p. **scelto**.
15. Cf. *échine* ; **schiena d'asino** : *dos d'âne*.

Aveva ragione ma i quaranta uomini dovettero così camminare per un buon quarto d'ora per portarsi al lato opposto ch'era il più distante dal villaggio. Poi cominciò a rifiutare la falce che gli era stata attribuita. In genere egli le preferiva a manico[1] singolo e faceva propaganda perché anche gli altri le preferissero. Poi, presto, troppo presto sentì il bisogno d'aguzzare[2] la falce. Propose diversi istituti del tutto[3] nuovi su quei campi. Due dovessero[4] essere adibiti[5] il giorno intero ad aguzzare le falci. Quando egli non lavorava s'adirava[6] che i suoi vicini a destra e sinistra continuassero il lavoro. Nascevano irregolarità che non potevano essere utili al buon andamento[7] del lavoro. Quello era notoriamente un lavoro che bisognava fare insieme o non farlo. Altrimenti il povero diavolo che restava indietro, senza sua colpa[8], poteva falciare le gambe del suo compagno troppo zelante. I capi guardavano esterrefatti[9] la faccia di Giacomo magra, mai sbarbata[10], arrossata[11] dal sole e da una sincera indignazione. Era un uomo in buona fede costui e non c'era verso[12] di arrabbiarsi con lui ! Gli offrirono tutta la sua participazione[13], pronta, in contanti, se accettava di non comparire il giorno appresso. Perché se lui c'era, non v'era dubbio[14] che la falciatura non sarebbe finita mai[15].

---

1. *manche, anse, poignée* ; on trouvera au plur. **manici** ou **manichi**.
2. De **aguzzo** : *aigu* au sens propre et figuré. **Aguzzino** : *bourreau* ; **aguzzare gli occhi**.
3. *entièrement, tout à fait* ; syn. **affatto**, voir n. 14, p. 89.
4. Sous-entendu au début de la phrase : **(propose che) due...**
5. De **adibire** : *destiner, affecter*.
6. De **ira** syn. plus littéraire de **rabbia, collera**.
7. De **andare** : *aller* d'où *cours, train, déroulement* ; **andatura** : *démarche*.
8. Voir n. 13, p. 89. Ne pas confondre **colpa** *(faute)* et **colpo** *(coup)*.
9. (du latin *exterrefacere*) ; au sens propre : *saisi de terreur*.

Il avait raison, mais les quarante hommes durent marcher un bon quart d'heure pour se transporter sur l'autre côté du champ qui était le plus éloigné du village. Puis il refusa la faux qui lui avait été attribuée. En général il préférait les faux à manche simple et essayait de convaincre les autres de partager son choix. Puis très vite, trop vite, il sentit le besoin d'aiguiser sa faux. Il proposa divers systèmes totalement inédits dans ces campagnes. Deux hommes seraient affectés exclusivement et pendant tout la journée à l'aiguisage des faux. Quand il ne fauchait pas il enrageait que ses voisins de droite et de gauche continuent à faucher. Cela provoquait des irrégularités qui ne pouvaient que nuire au bon déroulement du travail. Ce travail-là, c'était notoire, il faut le faire ensemble ou ne pas le faire. Sinon, le pauvre diable qui restait en arrière pouvait, bien malgré lui, faucher les jambes de son compagnon trop zélé. Les chefs regardaient, abasourdis, le visage de Giacomo, maigre, jamais rasé, rougi par le soleil et par une sincère indignation. Quel homme désarmant de bonne foi et comment se fâcher contre lui ! Ils lui offrirent toute sa rémunération, payée sur l'heure et en espèces, s'il acceptait de ne pas reparaître le jour suivant. Car, s'il était là, on était assuré de ne jamais en finir avec cette fenaison.

---

10. Ici le préf. **s-** a bien un sens privatif.
11. Il faut distinguer **arrossare** (trans.) : *colorer en rouge* et **arrossire** (intrans.) : *rougir de timidité* ou *de honte*.
12. Ce mot a quatre sens ; 1. **i versi di una poesia** et de là 2. **il verso di un uccello** (son chant) ; 3. **io andavo verso Udine** ; 4. comme ici, *moyen* ; **non ci fu verso di convincerlo**.
13. La rétribution pour sa participation ; forme moderne **partecipare** : *participer* et *faire part* ; **una partecipazione** : *un faire-part*.
14. v. **dubitare**. **Ho i miei dubbi !** *Je suis sceptique !*
15. Bel exemple de concordance ! Le conditionnel doit se mettre au passé (**sarebbe finita**) puisque la principale est à un temps du passé (**era**) ; voir aussi les trois verbes de la phrase suivante.

Quando essi sarebbero giunti alla fine l'altra parte avrebbe già riprodotta [1] tutta l'erba medica falciata e i mietitori [2] sarebbero morti di fame condannati com'erano alla paga [3] contrattuale di 15 giorni. Giacomo esitò ! Egli aveva spesso incassati [4] dei salari senza lavorare ma mai era stato pagato per non lavorare. « E se venissi ogni giorno per un paio [5] d'ore per darvi qualche buon consiglio ? » Così oltre che la paga ebbe la minaccia che se nei 15 giorni seguenti passava per di là sarebbe stato [6] lapidato [7]. S'adattò ma la sua fama era distrutta e nessuno lo volle più. Il contratto da cui era stato allontanato era finito male ; la falciatura aveva abbisognato [8] di interi 30 giorni. I capi dicevano ch'era bastata [9] una giornata di convivenza con Giacomo per creare fra quei 40 mietitori una decina di Giacomi, cavillosi come lui e pareva alla fine un'assemblea legislativa tante erano le nuove proposte che pullulavano per regolare la falciatura di un campo.

Giacomo divenne nomade. Solo a questo patto [10] egli poteva trovare lavoro. Aveva le tasche piene di certificati perché tutti gliene davano pur di [11] liberarsi di lui al più presto. Così passò tutto il Friuli la Carnia [12] e il Veneto [13] sognando sempre di trovare un lavoro bene organizzato. S'era però talmente specializzato nella critica che non sapeva tacere [14] la critica sull'organizzazione del lavoro neppure quando lui non c'entrava [15].

---

1. Les v. en **-urre** ((**ri**)**produrre, condurre, dedurre, sedurre**...) se conjuguent sur l'infinitif latin **-ucere** ; p.s. **-ussi** ; p.p. **-otto**.
2. v. **mietere** ; **la mietitura** : *la moisson*.
3. Syn. **il salario** ; pour un employé, **lo stipendio** : *le traitement*.
4. De **cassa** : *caisse* correspondant comme en français à divers objets.
5. *une paire* ; **un paio di scarpe, di guanti**... mais souvent un sens plus imprécis de deux ou trois : **resta un paio di chilometri da fare** ; △ plur. irrég. **un paio, due paia**, voir n. 14, p. 27.
6. Toujours la concordance du conditionnel.
7. De même origine les mots **lapis** : *crayon* ; **lapide** : *plaque*, généralement commémorative. Lire dans *Le storie ferraresi* de **Giorgio Bassani** (Einaudi, 1960) la nouvelle *Una lapide in via Mazzini*. La plaque est encore visible sur le mur de l'ancien temple juif.
8. **bisognare** : *falloir* ; **abbisognare** : *nécessiter*, peut s'employer

Les faucheurs seraient arrivés à la fin du champ quand déjà dans la première partie toute la luzerne fauchée aurait repoussé et ils seraient morts de faim puisque le contrat stipulait qu'ils seraient payés pour quinze jours. Giacomo hésita ! Il avait souvent empoché des salaires sans travailler mais jamais il n'avait été payé pour ne pas travailler. « Et si je venais chaque jour une heure ou deux pour vous donner quelque bon conseil ? » C'est ainsi qu'il eut le salaire et par-dessus le marché la menace d'être lapidé s'il se montrait dans les parages dans les quinze jours qui suivaient. Il se résigna, mais sa réputation était ruinée et personne ne voulut plus de lui. Le contrat dont on l'avait exclu s'était mal terminé ; il avait fallu trente jours entiers pour faucher le champ. Les chefs disaient qu'il avait suffi d'une journée avec Giacomo pour faire naître parmi ces quarante faucheurs une dizaine de Giacomo, chicaneurs comme lui, si bien qu'à la fin on aurait dit une assemblée législative à en juger par le nombre de propositions qui pullulaient pour réglementer le fenaison d'un champ.

Giacomo devint nomade. Ce n'est qu'à cette condition qu'il pouvait trouver du travail. Il avait des certificats plein les poches car chacun lui en donnait, quitte à être au plus vite débarrassé de lui. C'est ainsi qu'il parcourut tout le Frioul, la Carnia et la Vénétie, rêvant sans cesse de trouver un travail bien organisé. Mais la critique était devenue chez lui une telle spécialité, qu'il ne pouvait se retenir de critiquer l'organisation d'un travail, même quand ça ne le concernait pas.

---

      au sens réfléchi : **mi abbisognava una grossa somma di denaro**.
9. v. **bastare** : *suffire* (se conjugue avec **essere**) ; **basta !** *assez !*
10. *pacte, traité* ; **a patto che...** *à condition que...* ; **patti chiari amici cari** : *les bons comptes font les bons amis.*
11. Retenir cet emploi de **pur(e)** dans l'expr. **pur di** : *pourvu que.*
12. Zone montagneuse et touristique au nord du Frioul.
13. Province historiquement liée au destin et aux tribulations de la république de Venise qui disparaît en tant que telle en 1797 pour passer aux mains de Napoléon qui la cède à l'Autriche jusqu'en 1866, date à laquelle elle est annexée au royaume d'Italie.
14. Même v. pour la forme trans. et intrans. (non réfléchi en italien) ; **tacere** = *se taire* ; irrég. au présent : **taccio, taci, tace, taciamo, tacete, tacciono.**
15. m. à m. : *n'y entrait pas* (dans le sujet), *n'était pas concerné.*

Così non passava carro senza ch'egli non criticasse il modo com'era caricato. Veniva mandato a quel paese [1] ed egli continuava le sue peregrinazioni senza abbadarci [2] troppo. Se però credeva d'aver ragione allora era capace di farsi fare in due [3] ma le sue ragioni doveva dirle. Egli aveva dovuto passare accanto ad un carro caricato tanto in alto ch'egli avrebbe potuto esserne schiacciato [4]. Allora alzava la voce ed il suo sonoro dialetto celta [5] pigliava delle andature [6] epiche. Era capace d'appellarsi anche ai carabinieri [7]. E gli serviva solo di pretesto il pericolo da lui corso [8]. La ragione intima che lo animava era l'odio [9] per il lavoro male organizzato. E mi raccontava : « Quando si nasce disgraziati [10] ! Io non feci mai del male a nessuno e tutti mi odiano perché voglio mettere ordine e perché non posso soffrire un lavoro male iniziato [11] ! ». Non era la prima volta che veniva a Udine ; era la seconda. Ci venne la prima volta in cerca di [12] un po' di riposo : Udine era una città abbastanza popolosa ed egli avrebbe potuto riposare prima che tutti l'avessero preso in odio.

Fu l'offerta [13] di un posto straordinario che gli venne dal suo paese natio per cui lasciò la prima volta Udine. « Si trattava di un lavoro » mi confessò candidamente « in cui non c'era niente da fare.

---

1. m. à m. *envoyé à ce pays* ; sans doute serait-il malséant de le nommer et chacun entend bien ce que désigne ce démonstratif.
2. Forme plus courante **badare** : *surveiller, prêter attention.* **Bada ai fatti tuoi !** *Occupe-toi de tes affaires !*
3. Sur le même modèle **farsi in quattro** : *se mettre en quatre.* Les chiffres n'ont pas la même valeur dans toutes les langues ! **Fare quattro passi** ; **l'*Opera da tre soldi* di Brecht** et **un vestito da quattro soldi** ; **te l'ho detto mille volte** : *je te l'ai dit cent fois.*
4. **uno schiaccianoci** : *un casse-noix* ; **Schiaccianoci** : *Casse-Noisettes,* ballet de Tchaïkovski.
5. Le ladin désigne en effet l'ensemble des parlers rhéto-romans appartenant au groupe italo-celtique. **Pier Paolo Pasolini** a écrit un volume de poésies en frioulan : ***Poesie a Casarsa.***

Pas une charrette ne passait sans qu'il critiquât la manière dont elle était chargée. On l'envoyait au diable et il poursuivait ses pérégrinations sans se frapper plus que ça. Mais quand il croyait que ses raisons étaient les bonnes, il se serait fait couper en quatre plutôt que de les garder pour lui. Lui avait-il fallu passer près d'une charrette dont le chargement était si haut qu'il aurait pu l'écraser ? Eh bien, il haussait le ton et son vigoureux dialecte celte prenait des allures épiques. Il était bien capable d'en référer aux carabiniers. Le péril qu'il avait encouru lui était un prétexte suffisant. Ce qui le poussait, au plus profond de lui-même, c'était la haine du travail mal organisé. Et il me racontait : « Ce que c'est que de naître avec la poisse ! Moi je n'ai jamais fait de mal à personne et tout le monde me déteste parce que je veux mettre de l'ordre et que je ne peux pas supporter un travail mal engagé ! » Ce n'était pas la première fois qu'il venait à Udine, c'était la seconde fois. La première fois il était venu y chercher un peu de repos : Udine étant une ville assez peuplée, il pourrait profiter d'une période de calme avant que tout le monde le prenne en grippe.

C'est l'offre d'une place extraordinaire venue de son pays natal qui lui fit quitter Udine la première fois. Il m'avoua ingénument : « Il s'agissait d'un travail où il n'y avait rien à faire.

---

6. Voir n. 7, p. 152.
7. De **carabina** ; corps militaire de policiers correspondant à nos gendarmes.
8. Voir n. 2, p. 42.
9. v. **odiare**.
10. Le contraire serait **nascere fortunato** ou **nascere con la camicia** : *naître coiffé*. Remarquer que dans les formes impersonnelles l'attribut est pluriel : **quando si è giovani si è più belli**.
11. De **inizio** : *début, commencement* ; **fin dall'inizio** : *depuis le début*.
12. De **cercare** : *chercher* ; *Sei personaggi in cerca d'autore*, l'une des pièces les plus connues et les plus jouées de **Luigi Pirandello** (1867-1936).
13. v. **offrire** irrég. au p.p. : **offerto** ; **un'offerta** : *offre, offrande*.

Ora[1] a me il lavoro piace ma pensavo che se trovavo un lavoro pel[2] quale non occorreva lavorare doveva certo essere un lavoro ben organizzato e perciò lo accettai con entusiasmo. » Lasciò Udine e con dieci ore di buon cammino raggiunse il suo paese natio[3]. Amava di camminare. « Altri può credere » diceva « che il moversi[4] sulle ruote sia un perfezionamento in confronto al moversi sulle gambe. Io no ! Credo sia un modo di riposare quello di moversi. » Impiegò tre giorni per fare quelle dieci ore di cammino. Ricordava che a Chiavris una grossa pietra lanciata da qualcuno celato[5] dietro un muro gli era passata dinanzi al naso. Se ne fosse stato colpito la sua testa benché dura sarebbe andata in pezzi[6]. « Eppure io a Chiavris non ho lavorato mai. C'è tanta cattiva gente a questo mondo. Forse non mi conoscevano. Eppure io ho un sospetto. Lavorai una volta con un operaio[7] che dovrebbe abitare a Chiavris. Ma non credo sia stato lui... perché io feci per suo bene. [Era impiegato permanentemente[8] da un droghiere[9] e presero me come avventizio[10] perché invece di un molinetto che lavorava di solito a macinare[11] pittura per qualche giorno lavorare in due[12]. Dio mio ! Era un lavoro che faceva schifo[13] ! Impiegare un'anima umana a far girare, girare una ruota per produrre un filo di pittura male impastata[14].

---

1. **ora** ; 1. *maintenant* ; 2. *or* (conjonction).
2. **per il** (forme rare).
3. Forme ancienne pour **natale** ; voir n. 7, p. 64.
4. Forme ancienne pour **muoversi** qu'on retrouve dans **movimento** ; pour les irrég. voir n. 2, p. 70.
5. Cf. *celer* ; plus courant **nascondere**, voir n. 2, p. 44.
6. m. à m. *s'il en avait été frappé, sa tête serait allée en morceaux.*
7. De **opera** : *œuvre, ouvrage* ; le suff. **-aio** indique souvent un métier : **notaio**, **fornaio** : *boulanger* ; **macellaio** : *boucher* ; **fioraio** : *fleuriste* ; **tabaccaio** : *buraliste*...
8. m. à m. *il était employé de manière permanente par un droguiste.*
9. Rarement employé dans ce sens étroit ; le **droghiere** est plutôt un épicier mais en Italie la gamme des denrées qu'il offre inclut souvent les produits ménagers.

Moi j'aime bien le travail mais je pensais qu'un travail qui ne demande pas de travail est forcément un travail bien organisé, c'est pourquoi j'acceptai avec enthousiasme. » Il quitta Udine et après dix bonnes heures de marche il arriva à son pays natal. Il aimait marcher. « Certains croient, dit-il, que se déplacer sur des roues soit un progrès par rapport au déplacement sur des jambes. Pas moi ! Marcher c'est une façon de se reposer. » Il mit trois jours à faire ces dix heures de route. Il se souvenait qu'à Chiavris une grosse pierre lancée par quelqu'un caché derrière un mur lui était passée à quelques centimètres du nez. Un peu plus et sa tête volait en éclats, bien qu'elle fût dure. « Pourtant je n'ai jamais travaillé à Chiavris. Il y a tellement de gens méchants en ce bas monde. Ils ne me connaissaient peut-être même pas. J'ai quand même un soupçon. J'ai travaillé une fois avec un ouvrier qui devrait habiter à Chiavris. Mais je ne crois pas que ce soit lui... parce que je l'avais fait pour son bien. Il avait un emploi fixe chez un droguiste qui m'avait embauché en surnuméraire parce qu'il fallait momentanément deux personnes au lieu d'une pour faire marcher le moulin qui broyait la couleur. Quel travail ! C'était une pitié de voir ça ! Employer un être humain pour faire tourner et tourner une roue et produire un filet de peinture mal broyée.

---

10. On trouvera un superbe personnage d'**avventizio** dans la nouvelle de **Vitaliano Brancati** (1907-1954), *Il vecchio con gli stivali*.
11. ▲ ne pas confondre **la macina** : *la meule* et **la macchina** : *machine, voiture* ; **il macinino da caffè, da pepe** : *moulin à café, à poivre* ; **caffè macinato** : *café moulu*.
12. Voir n. 11, p. 65.
13. Faire (provoquer) le dégoût. **Che schifo !** *Quelle horreur !* Qui est cet ouvrier qui broie des couleurs avec dégoût ? Svevo employé dans l'usine de son beau-père fabricant de vernis pour bateaux ? Qui rêve de ne rien faire pour « travailler à d'autres choses » ?
14. De **pasta** : *pâte*, d'où **pastoso** : *pâteux* ; **pasticciere** : *pâtissier* ; **pasta frolla** : *pâte brisée* ; **pasta sfoglia** : *pâte feuilletée*. ▲ **la pasta** : *les pâtes* (spaghetti, tagliatelle, maccheroni, pappardelle, penne...) mais **una pasta** : *un gâteau* individuel.

Non era facile prendere un motorino elettrico ora che la forza elettrica non costa quasi nulla ? Restai un giorno e mezzo a quel molino e tanto disprezzo[1] avevo per il mio lavoro ch'esso non poteva procedere. Il mio compagno stava ad ascoltarmi estatico. Anche lui cominciava a capire come un motorino avrebbe girato, girato senza pensarci tanto su[2]. Mi mandarono via quando feci chiamare il padrone per spiegargli la mia idea. Mi trovò dinanzi alla mia ruota sgangherata[3] che fumavo. Io avevo il braccio addolorato[4] e aspettavo il padrone e il motorino. Chi avrebbe potuto indovinare che il padrone era tanto occupato che ci avrebbe messo[5] due ore per corrispondere alla mia chiamata ? Appena venuto mi mandò subito via e gridando anche perché tutti a questo mondo hanno la mania di diffamare la povera gente. Diceva che il valore della merce macinata non copriva la mia mercede[6]. Dev'essere roba che costa poco allora dissi io. Ora in quella drogheria ci hanno il motorino ma io della mia buona idea non ebbi alcun vantaggio e neppure il mio compagno perché fu mandato via pochi[7] giorni dopo di me. »] Così anche il povero Giacomo ebbe a subire un attentato. « Come un re[8] » disse egli con qualche compiacenza. « Eppure il re » dissi io « non rifiuta di sovraintendere[9] a dei lavori male organizzati. »

---

1. Noter que Svevo donne à ce mot plutôt le sens premier de *déprécier* que celui de *mépris*.
2. Penser sur (à propos d') une chose : *y réfléchir* ; **pensateci sù !** : *réfléchissez-y* !
3. De **ganghero** : gond- et s- préf. privatif ; **voce**, **riso sgangherato** : *sans retenue*.
4. De **dolore** ; **la Vergine addolorata**, personnage de la Vierge dans les Descentes de croix ou les Pietà.

Ç'aurait été si facile de prendre un petit moteur maintenant que l'énergie électrique ne coûte presque rien ! Je suis resté une journée et demie chez ce droguiste et j'étais tellement dégoûté par mon travail que ça n'avançait pas. Mon compagnon m'écoutait bouche bée. Lui aussi commençait à comprendre qu'un petit moteur aurait fait la chose sans y réfléchir. On me renvoya quand je fis appeler le patron pour lui expliquer mon idée et qu'il me trouva en train de fumer devant cette roue bringuebalante. J'avais le bras endolori et j'attendais le patron et le moteur. Qui aurait pu deviner que le patron était tellement occupé qu'il allait mettre deux heures pour répondre à mon appel ? Il n'était pas arrivé qu'il me renvoyait sur-le-champ et, qui plus est, en hurlant car en ce bas monde tous les gens ont la manie de diffamer les pauvres bougres. Il disait que la valeur de la peinture broyée ne couvrait même pas mon salaire. Alors je lui dis que sa marchandise ne devait pas valoir grandchose. Maintenant, dans cette droguerie, ils ont un moteur mais je n'ai pas été récompensé pour ma bonne idée et mon compagnon non plus qui a été renvoyé peu de jours après moi. » C'est ainsi que le pauvre Giacomo fut lui aussi victime d'un attentat. « Comme un roi », dit-il avec une certaine complaisance. « Pourtant le roi, ajoutai-je, ne refuse pas de diriger des travaux mal organisés. »

---

5. Encore une concordance du conditionnel.

6. Mot ancien ; récompense pour le travail fait ; sa forme apocopée **mercé** vaut pour *pitié*, *grâce* ; cf. *être à la merci de...*

7. L'italien remplace l'imprécis **qualche** ou **alcuno** par **poco** chaque fois qu'il s'agit de préciser une petite quantité. **Te lo dirò in poche parole** ; **è rimasto solo pochi minuti.**

8. Mot tronqué (forme ancienne **rege**) et donc invariable.

9. **il sovrintendente di un museo** : *le conservateur.*

Insomma Giacomo ritornò al suo paese beato[1] che ve lo avevano richiamato[2] perché avendo tanto tempo da pensarci su, soffriva talvolta di nostalgia. Non era chiamato ad una posizione[3] troppo splendida. Non avrebbe avuto alcun salario solo un letto e sufficientemente da mangiare. Quel *sufficientemente* significava sola polenta[4] o quasi. Ma l'amor patrio e la curiosità di conoscere un lavoro in cui non c'era bisogno di lavorare indussero[5] il povero Giacomo alla lunga camminata.

A un tiro di schioppo[6] dal suo luogo natio, su un colle, il più alto dopo Udine verso la Carnia, c'era la casa del signor Vais un piccolo villino elegante ove abitava il vecchio signore, sua moglie e alcune fantesche[7]. Il figliuolo era agli studi a Padova. Poco appresso nascosti alla vista di chi passava la strada maestra[8] c'erano i vasti stallaggi[9] e più lontano ancora, in mezzo ai campi una vasta casa colonica[10], vecchia decrepita quella.

---

1. **Beato Angelico**, nom sous lequel on désigne le frère dominicain Giovanni da Fiesole (1387-1455) à qui l'on doit, entre autre, les tableaux et les fresques du couvent de Saint-Marc à Florence.
2. Les puristes trouveraient à redire sur cette forme qui veut sans doute rendre une forme parlée et exigeraient : **beato che ve lo avessero richiamato**.
3. Souvent employé pour **posizione sociale** : **lui s'è fatto una bella posizione**.
4. Bouillie plus ou moins épaisse à base de farine de maïs qui constituait le plat de base chez les Italiens du Nord et leur a valu le surnom de **polentoni**. Aujourd'hui on la consomme accompagnée de viande en sauce ou de poisson frit.
5. v. **indurre** ; voir n. 1, p. 154.

Bref, Giacomo retourna à son pays natal, ravi qu'on l'y ait rappelé, car, disposant de beaucoup de temps pour méditer, il souffrait parfois de nostalgie. On ne l'appelait pas pour une situation très enviable. Il ne recevrait aucun salaire mais simplement un lit et de quoi manger à suffisance. Ce à *suffisance* signifiait polenta et presque rien d'autre. Mais l'amour de la patrie et la curiosité de connaître un travail qui ne réclamait aucun travail firent que le pauvre Giacomo se résolut à cette longue marche.

À une portée de fusil de son pays natal, sur une colline, la plus haute après Udine en allant vers la Carnia, se trouvait la maison de M. Vais, une petite villa élégante où habitaient le vieil homme, sa femme et quelques servantes. Leur fils faisait ses études à Padoue. Un peu plus loin, mais on ne pouvait pas les voir de la grand-route, il y avait les grandes étables et plus loin encore, au milieu des champs, une immense ferme, mais vieille et décrépite.

---

6. Plus usité : **fucile**.
7. **fante**, aphérèse de **infante** (*enfant*) racine commune à plusieurs mots : **fanciullo(a)** : *jeune enfant* ; **fanteria** : *infanterie* ; **fantesca** : *jeune domestique*.
8. m. à m. *route maîtresse*.
9. Équivalent de **stalla** ; **scuderia** : *écurie* ; **ovile** : *bergerie* ; **porcile** : *porcherie*.
10. De **colono** : *fermier* ; **colonia** : *fermage* ou *colonie* (du latin *colo* : *je cultive*).

• Il est évident que cette nouvelle est inachevée comme le sont parfois, et souvent volontairement, les textes de Svevo, ajoutant ainsi à l'étrangeté du récit.

L'œuvre

Le bonheur
(1889)

Né à Naples en 1861, De Roberto est néanmoins considéré comme un écrivain sicilien, ayant passé une vie d'adulte après un bref séjour à Milan. Ami de Verga qu'il considérait comme son maître, mais aussi grand lecteur de tous les naturalistes français, il s'oriente pourtant très vite vers un « réalisme radical » qu'il définit ainsi : « récit simple, rapide et fidèle d'un événement qui se déroule sous les yeux d'un spectateur désintéressé. »

Les titres des deux recueils de nouvelles qui marquent le début de sa carrière, Documenti umani (1888) et Processi verbali (1890), suffisent à révéler sa volonté de traiter les vicissitudes humaines comme une matière de microscopie et de les exposer avec l'impassibilité du procès-verbal.

Écrivain solitaire et secret, il observe, analyse, s'exhibant toute imagination, tout lyrisme, tenant à distance toute illusion et en particulier l'illusion politique, comme le montrera son œuvre maîtresse, I viceré (1894) (Les vicerois, 1956 ; Les princes de Francalanza, 1979), roman ample, cruel, désenchanté qui condamne avec la même implacable lucidité les puissants arrogants et les faibles, ignorants et pusillanimes qui s'affrontent à l'époque du Risorgimento. Œuvre de grande intensité dramatique sous son apparente froideur, dont on trouvera un écho dans deux autres grands romans historiques : I vecchi e i giovani de Pirandello (1913) et Il gattopardo de G. Tomasi di Lampedusa (1958).

Federico De ROBERTO
(1861-1927)

L'onore
L'honneur
(1889)

Né à Naples en 1861, De Roberto est néanmoins considéré comme un écrivain sicilien, ayant passé sa vie à Catania après un bref séjour à Milan. Ami de Verga qu'il considérait comme son maître, mais aussi grand lecteur de tous les naturalistes français, il s'oriente pourtant très vite vers un « réalisme radical » qu'il définit ainsi : « récit simple, rapide et fidèle d'un événement qui se déroule sous les yeux d'un spectateur désintéressé ».

Les titres des deux recueils de nouvelles qui marquent le début de sa carrière, **Documenti umani** (1888) et **Processi verbali** (1890), suffisent à révéler sa volonté de traiter les vicissitudes humaines comme une matière documentaire et de les exposer avec l'impassibilité du procès-verbal.

Écrivain solitaire et secret, il observe, analyse, classe, bridant toute imagination, tout lyrisme, tenant à distance toute illusion et en particulier l'illusion politique, comme le montrera son œuvre maîtresse, **I viceré** (1894) (*Les vice-rois*, 1956 ; *Les princes de Francalanza*, 1979), roman amer, cruel, désenchanté qui condamne avec la même impitoyable lucidité les puissants arrogants et les faibles ignorants et pusillanimes qui s'affrontent à l'époque du Risorgimento. Œuvre de grande intensité dramatique sous son apparente froideur, dont on trouvera un écho dans deux autres grands romans historiques : **I vecchi e i giovani** de Pirandello (1913) et **Il Gattopardo** de G. Tomasi di Lampedusa (1958).

[Fra un interrogatorio e l'altro, il cancelliere[1] aveva cominciato a narrare al pretore[2] il fatto dei Sortino : « Una vera battaglia : i due fratelli Sortino col padre, da una parte e dall'altra gli Sgraia padre e figlio... In mezzo, Anna Sortino, che strepitava come una gallina spennata[3] viva... Tutta la scena è stata per lei... ». Ma non gli era riuscito[4] ancora di completare la storia, per l'andirivieni[5] continuo degli avvocati, dei testimoni e di tutta la gente che aveva da fare con la giustizia.

Ad un tratto, come il magistrato aveva finito di udire un carrettiere accusato di ribellione alla forza pubblica, dal fondo del gabinetto[6] si avanzarono due contadini[7], due giovanotti alti, robusti, snelli, dalle fisionomie larghe ed aperte. Arrivati dinanzi al tavolo, si fermarono nello stesso tempo, tenendo i berretti[8] con tutte e due le mani.

— Che c'è ? disse il pretore, fissandoli, mentre il cancelliere gli faceva dei segni d'intelligenza, come per dire : « Eccoli qui ! ».

— Siamo venuti, Vossignoria[9], all'oggetto di dare una querela[10].

— Come vi chiamate ?

— Sortino... Salvatore Sortino... Cosimo e Salvatore... risposero, suggerendosi[11] a vicenda[12].

— Contro chi date querela[13] ?

— Contro Giuseppe Sgraia e Gaspare Sgraia, padre e figlio.

— Che cosa vi hanno fatto ?

---

1. De **cancello** : *grille, clôture, portail*, d'où **cancelliere** : *greffier, huissier* ou *chancelier* (ainsi nommé parce qu'il se tenait près des barreaux qui séparaient le public du tribunal) et **cancellare** : *effacer* en biffant de traits.
2. Précisément *juge de paix* ; **pretura** : *tribunal de première instance* ; *le juge* : **il giudice**.
3. s- préf. privatif + **penna** : *plume* ; **penna stilografica** : *stylo* ; **pennarello** : *crayon feutre, marqueur*.
4. Rappel : **riuscire** intrans. se conjugue avec l'auxiliaire *être*.
5. Syn. **viavai**.
6. Pour le lieu d'aisances on dira **la toilette, i servizi**.
7. Au Moyen Âge on appelait **contado** cette zone de campagne qui entourait la ville et qui était restée propriété du **conte** après que

Entre deux interrogatoires, le greffier avait commencé à raconter au juge le cas Sortino : « Une véritable bataille rangée : d'un côté les deux frères Sortino et leur père et de l'autre les Sgraia, père et fils... Au milieu, Anna Sortino, qui piaillait comme une poule plumée vive... Toute cette histoire à cause d'elle... » Mais il n'était pas venu à bout de son récit à cause de ce va-et-vient continuel d'avocats, de témoins et de tous ces gens qui avaient affaire avec la justice.

Soudain, alors que le magistrat venait d'en finir avec un roulier accusé de rébellion à la force publique, du fond du cabinet s'avancèrent deux paysans, deux grands gaillards, robustes, élancés, à la physionomie franche et épanouie. Arrivés devant la table, ils s'arrêtèrent comme un seul homme, tenant leur casquette de leurs deux mains.

— Qu'y a-t-il ? dit le juge en les regardant, tandis que le greffier lui faisait des signes d'intelligence comme pour dire : « C'est eux ! ».

— Nous sommes venus, Votre Honneur, au motif de porter plainte.

— Comment vous appelez-vous ?

— Sortino... Salvatore Sortino... Cosimo et Salvatore... répondirent-ils, s'aidant l'un l'autre.

— Contre qui portez-vous plainte ?

— Contre Giuseppe Sgraia et Gaspare Sgraia, père et fils.

— Que vous ont-ils fait ?

---

la ville fut devenu un **comune**. **Il contadino è chi abita il contado.**

8. *casquette* ou *bonnet* ; dans les nouvelles de **Verga** on trouve souvent l'opposition entre **i berretti** (les pauvres, paysans ou artisans) et **i cappelli** (les riches, les propriétaires) ; dans *Mastro Don Gesualdo*, l'auteur souligne que le héros, bien que devenu fort riche, a toujours refusé le chapeau et s'est contenté d'échanger son bonnet de coton contre un bonnet de soie ; *le béret* : **il basco**.

9. Contraction de **Vostra Signoria**, *Votre Seigneurie*.

10. Maladroite formule juridique qui détonne dans cette bouche.

11. *suggérer* et donc *souffler* ; **il suggeritore** : *le souffleur* (théâtre).

12. De **vicenda** : *succession de faits*, puis *événement* tout court.

13. ▲ *querelle* : **la lite** ; *se quereller* : **litigare**.

— Qui... Vossignoria può vedere..., e tutti e due si voltarono di profilo [1], mettendo un dito sopra un punto della faccia.

— Venite da questa parte.]

Nella sala attigua, c'era il dottore, che fattosi [2] alla finestra, prese a ciascuno dei querelanti il capo con tutte e due le mani, rovesciandolo [3] un poco ed esaminandolo alla luce.

— Ferita lacero-contusa nella regione mascellare [4] destra, lunga cinque centimetri [5], guaribile in dieci giorni. Cos'era, un bastone ?

— Nossignore [6], una sedia...

— Contusione al zigomo sinistro, con lacerazione ed ecchimosi. Guaribile in sei giorni.

Il cancelliere prendeva nota di tutto, seguitando [7] a far segni al pretore. Tornato nel suo gabinetto, questi [8] continuava ad interrogare.

— Sentiamo : com'è andata la faccenda [9] ?

— Ecco qua, signor Pretore, disse Cosimo. È stato per difendere nostra sorella Anna, che sempre suo marito Gaspare Sgraia le faceva maltrattamenti [10].

— Cosa faceva, la bastonava ?

— Sissignore [6], confermò Salvatore.

— A segno, riprese l'altro, che nostro padre era andato a prendersela [11] per ricondursela [11] a casa.

— Ma suo marito poteva opporsi ! obiettò [12] il pretore.

---

1. Autres expr. **di faccia, di tre quarti, di spalle, di schiena**.
2. △ **farsi** + indication de lieu ou de mouvement : *aller vers...* ; voir plus loin, **farsi avanti**. Pour le p.p. absolu et l'enclise du pronom, voir n. 2, p. 88.
3. v. **rovesciare** ; **il rovescio della medaglia** : *l'envers de la médaille* ; **cadere a rovescio** : *tomber à la renverse*.
4. De **mascella** : *mâchoire*.
5. Voir n. 5, p. 46.
6. Lié de la même façon, **Sissignore**, ci-dessous.
7. **il seguito** : *la suite* ; **piovve per due giorni di seguito** : *il plut deux jours de suite*.

— Ici... Votre Honneur peut voir..., et tous deux se mirent de profil et posèrent un doigt sur un point de leur figure.

— Venez par ici.

Dans la salle voisine il y avait le docteur qui, s'étant approché de la fenêtre, prit entre ses mains la tête de chacun des plaignants, la relevant légèrement pour l'examiner à la lumière.

— Plaie contuse de la région maxillaire droite, longueur cinq centimètres, guérison en dix jours. Qu'est-ce que c'était, un bâton ?

— Non, monsieur, une chaise...

— Contusion de la pommette gauche, avec déchirure et ecchymose. Guérison en six jours.

Le greffier prenait note tout en continuant à faire des signes au juge. Revenu dans son cabinet, ce dernier poursuivait son interrogatoire.

— Voyons, comment cela s'est-il passé ?

— Voilà, monsieur le juge, dit Cosimo, c'était pour défendre notre sœur Anna, parce que son mari Gaspare Sgraia lui faisait sans arrêt des mauvais traitements.

— Qu'est-ce qu'il faisait, il la frappait ?

— Oui, monsieur, confirma Salvatore.

— Même que, reprit l'autre, notre père était allé la reprendre pour la ramener chez nous.

— Mais son mari avait le droit de s'opposer, objecta le juge.

---

8. **questi** (*celui-ci*) et **quegli** (*celui-là*), pronoms démonstratifs réservés aux personnes et peu usités maintenant.

9. Chose à faire, d'où *affaire*.

10. **male** pour *mauvais* se combine souvent avec le subst. ou l'adj. : **maltempo**, **malumore**, **malocchio**, **maldestro** ; cf. *maltraiter*, *malpropre*, *maladroit*...

11. Voir n. 8, p. 84.

12. **l'obiettivo** (subst.) : *l'objectif* (tous sens) ; **obiettivo** ou **oggettivo** (adj.) : *objectif*.

— Ecco qua... aggiunse[1] Cosimo Sortino, con un mezzo sorriso, quasi a[2] significare che il pretore aveva ragione di avanzare quella difficoltà ignorando le circostanze del fatto. Ecco qua : essi non sono maritati...

— O dunque ?

— Stanno insieme.

Il pretore che badava a suggerire al cancelliere le risposte da scrivere nel verbale, domandò :

— Allora vostra sorella sta a serva[3] con lo Sgraia ?

— Nossignore...

— Ma insomma, cos'è questo pasticcio[4] ?

Cosimo disse :

— Stanno assieme, così...

Il pretore prima guardò lui, poi l'altro fratello, che allargò un poco le braccia, con un gesto di adesione.

— Ho capito. E per questo siete venuti alle mani ?...

— Nossignore... sissignore... I due fratelli Sortino si confondevano, intanto che il cancelliere se la[5] rideva sotto i baffi[6].

— Insomma : è stato per questo, sì o no ?

— Signor Pretore, ecco qua, disse risolutamente Salvatore, facendo passare il berretto da una mano all'altra. Che sono insieme, è un affare di un anno e mezzo. Gaspare Sgraia s'è portata in casa nostra sorella all'altro San Giuseppe[7] : giusto fa un anno e mezzo[8] il diciannove[9] di questo mese.

---

1. Mêmes irrég. que **giungere** ; voir n. 7, p. 50.
2. Nous avons déjà vu (n. 19, p. 15), que **quasi** a aussi le sens de *comme si* + subj., outre celui de *presque*.
3. *en qualité de servante*.
4. Ce mot évoque immanquablement le roman de **Carlo Emilio Gadda**, *Quer pasticciaccio brutto de via Merulana* (traduit) où il est aussi question d'une étrange enquête, mais dans la langue unique propre à Gadda, cousin de Joyce et de Céline.
5. Nous avons déjà vu (n. 1, p. 66) ce pronom **la** que nous allons retrouver ci-dessous dans plusieurs autres expressions.

170

— C'est que..., ajouta Cosimo Sortino avec un demi-sourire, comme pour signifier que le juge avait raison d'invoquer cette difficulté, ignorant les circonstances de l'affaire. C'est que... il ne sont pas mariés.

— Ils sont quoi alors ?

— Ils vivent ensemble.

Le juge, qui devait indiquer au greffier les réponses à transcrire sur le procès-verbal, demanda :

— Alors votre sœur est en service chez Sgraia ?

— Non, monsieur...

— Mais qu'est-ce que c'est que cet embrouillamini ?

— Ils vivent ensemble, comme ça...

Le juge le regarda lui, puis son frère qui fit le geste d'acquiescer en écartant un peu les bras.

— J'ai compris. C'est pour ça que vous en êtes venus aux mains ?...

— Non, monsieur... oui, monsieur... Les deux frères s'embrouillaient pendant que le greffier riait dans sa barbe.

— En somme, c'était pour ça, oui ou non ?

— Monsieur le juge, voilà, dit résolument Salvatore, en faisant passer sa casquette d'une main à l'autre. Ça fait un an et demi qu'ils sont ensemble. Gaspare Sgraia a emmené notre sœur chez lui à la Saint-Joseph de l'an dernier : ça fera juste un an et demi le dix-neuf de ce mois.

---

6. m. à m. *sous ses moustaches* ; **baffi** toujours plur. à cause de la paire ; **Baffone** était le surnom de Staline. Nous vous invitons à lire, dans *Gli zii di Sicilia* (traduit) de **Leonardo Sciascia**, la nouvelle *La morte di Stalin*.

7. Dans le monde rural, les fêtes traditionnelles sont plus parlantes que des dates.

8. Forme de parler populaire qui rend compte de l'origine de la forme expliquée n. 7, p. 60.

9. Les nombres de 10 à 20 : **dieci**, **undici**, **dodici**, **tredici**, **quattor-dici**, **quindici**, **sedici**, **diciassette**, **diciotto**, **diciannove**, **venti**.

Intanto, Vossignoria deve sapere che la maltrattava da mattina a sera, che perfino[1] i vicini se ne scandalizzavano. Questo sapendo, noi abbiamo detto in famiglia : « Andiamo a pigliarci[2] Anna, e finiamo la commedia ». Siamo andati tutti e tre, col signor padre[3] ; ma io e mio[4] fratello siamo rimasti[5] in istrada[6]. È salito solo il signor padre, in casa di Gaspare Sgraia. Alla salita, il signor padre dice : « Gaspare, questa commedia è durata assai[7] ; e se devi trattare così mia figlia, io me la riporto a casa ! » Quello risponde che non è vero, che Anna l'ha mantenuta e rispettata ; e alza anche la voce. Il signor padre gli risponde, invece, qualmente[8] l'ha presa a legnate[9], e che ci sono i vicini pronti a far testimonianza, e che lui è bugiardo[10]. Allora comparisce il padre di Gaspare Sgraia, a difendere suo figlio ed a minacciare ad alta voce il signor padre. Alle minaccie, siamo saliti[11] anche noi ; qui le lingue si sono confuse e io non mi ricordo niente. So che le sedie sono volate[12], e che quando sono venuti i vicini a dividerci, io e mio fratello che è qui, ci siamo trovati con questi segni in faccia.

Il pretore restò un poco a considerarli.

— E due giovanotti come voi, disse lentamente, si fanno sfregiare[13], per soprammercato[14], dopo che hanno preso loro la sorella ?

---

1. Anacoluthe propre à la langue parlée.
2. v. **pigliare**, plus populaire que **prendere** ; **pigliarsela con uno** : *avoir maille à partir avec quelqu'un* ; **chi dorme non piglia pesci** : *les alouettes ne tombent pas toutes rôties*.
3. Révérence filiale propre aux civilisations patriarcales.
4. Il est d'usage que le locuteur se cite toujours en premier.
5. Voir n. 5, p. 18.
6. Pour des raisons euphoniques les mots commençant par un **s** impur se dotent d'un **i** d'appui quand ils suivent **in** ; **in iscatola**.
7. Rappel **assai** = *beaucoup*.
8. Mot ancien équivalent de **come**.

En attendant, Votre Honneur doit savoir qu'il la maltraitait du matin au soir, que même les voisins étaient scandalisés. En apprenant ça, on s'est dit en famille : « Il y en a assez de cette comédie, allons reprendre Anna. » On y est allés tous les trois, avec le père ; mais mon frère et moi on est restés dans la rue. Le père est monté tout seul chez Gaspare Sgraia. Tout de suite le père dit : « Gaspare, cette comédie a bien assez duré ; si tu dois traiter ma fille comme ça, je la reprends ! » L'autre répond que ce n'est pas vrai, que Anna il l'a entretenue et respectée ; et il hausse même le ton. Le père lui rétorque que non, que même il l'a battue à coups de trique et qu'il y a des voisins prêts à témoigner et qu'il n'est qu'un menteur. Alors arrive le père de Gaspare Sgraia pour défendre son fils et menacer notre père en donnant de la voix. À cause des menaces, on est montés nous aussi ; et puis les langues se sont déchaînées et je ne me souviens plus de rien. Tout ce que je sais c'est que les chaises ont volé et que quand les voisins sont venus nous séparer, moi et mon frère qui est ici, on s'est retrouvés avec ces marques sur la figure.

Le juge les considéra un instant.

— Et deux gaillards comme vous, dit-il posément, se laissent défigurer, par-dessus le marché, après s'être fait prendre leur sœur ?

---

9. De la même façon on pourrait dire : **prendere a pugni, a pedate**... Rappel : le suff. **-ata** indique un coup de...
10. De **bugia** : *mensonge* ; ▲ *la bougie* : **la candela**.
11. v. **salire** ≠ **scendere**.
12. Emploi de l'aux. *être* puisque les chaises ne peuvent voler seules.
13. De **fregio** : *ornement* précédé du préf. **s-** privatif ; **sfregio** : *balafre, estafilade* et au sens figuré *affront*.
14. À propos de **mercato**, la place du marché dans certaines villes italiennes (Vérone, Vicence...) est appelée **Piazza delle erbe** (des herbes, des légumes) ; **il mercato delle pulci** : *le marché aux puces*.

Cosimo e Salvatore Sortino non risposero nulla ; aprirono soltanto un poco le braccia.

— Non siete stati soldati ?

Cosimo rispose :

— Io, sissignore.

In quel momento, s'intesero [1] delle voci ; l'usciere esclamava « Vi dico che c'è gente !... » e altri replicavano : « È per la stessa causa !... Se è per la stessa causa !... ». L'uscio finalmente si schiuse [2] e due altri individui si fecero avanti [3]. Questi, che parevano di condizione un poco più elevata dei due giovanotti contadini, vennero [4] a mettersi dall'altro lato [5] del tavolo.

— Voialtri chi siete ?

— Io sono Giuseppe Sgraia, signor Pretore [6], disse il più vecchio, e questo è mio figlio Gaspare.

— E che cosa volete ? riprese l'altro, irritato ; intanto che il cancelliere gli faceva dei segni con una mano per significare : « Li lasci dire ; ne sentiremo delle belle ! ».

— Signor Pretore, sono venuti a fare una violenza [7] di domicilio, minacciando, in casa nostra !...

— Chi è venuto ?

— Salvatore e Cosimo Sortino, rispose lo Sgraia, additando [8] i due fratelli, che se ne stavano lì, ritti e tranquilli.

— Perché vi minacciavano ?

---

1. v. **intendere** aujourd'hui plutôt réservé au sens de *comprendre* et remplacé par **sentire** pour *entendre* ; p.s. **intesi** ; p.p. **inteso**. **Il giudice l'aveva sentito, anzi ascoltato, ma non l'aveva inteso.**
2. Ici le préf. **s-** n'indique pas le contraire de **chiudere** mais l'ébauche de l'action ; voir n. 1, p. 150.
3. Voir n. 2, p. 168 ; ≠ **farsi indietro** : *reculer*.
4. Voir n. 9, p. 12.

174

Cosimo et Salvatore ne répondirent pas ; ils se contentèrent d'écarter un peu les bras.

— Vous n'avez pas été soldats ?

Cosimo répondit :

— Moi oui, monsieur.

Sur ces entrefaites on entendit des voix ; l'huissier clamait : « Mais je vous dis qu'il y a quelqu'un !... » et d'autres répliquaient : « C'est pour la même affaire !... Puisque c'est pour la même affaire !... ». Finalement la porte s'entrouvrit et deux autres individus firent leur entrée. Ceux-ci, qui paraissaient être d'une condition un peu plus élevée que celle des deux jeunes paysans, vinrent se placer de l'autre côté de la table.

— Qui êtes-vous, vous autres ?

— Monsieur le juge, dit le plus vieux, moi c'est Giuseppe Sgraia et lui c'est mon fils Gaspare.

— Et que voulez-vous ? reprit le juge, irrité, tandis que le greffier lui faisait des signes de la main pour dire : « Laissez-les parler, vous allez voir ! ».

— Monsieur le juge, ils sont venus faire une violence de domicile, avec des menaces, chez nous !...

— Qui ça ?

— Salvatore et Cosimo Sortino, répondit Sgraia en montrant les deux frères qui étaient plantés là sans bouger.

— Pourquoi vous menaçaient-ils ?

---

5. **lato** a tous les sens propres et figurés de *côté*.
6. △ à l'emploi de l'article avec **signore (a)** ; 1. suivi d'un nom propre (même sous-entendu) : **è in casa il signor Sortino ? no, il signore non è ancora tornato** ; 2. au vocatif : **arrivederci signor avvocato ! arrivederci signor Celati !**
7. Il confond **violenza** et **violazione**.
8. De **dito (le dita !)** : *montrer avec le doigt* ; *montrer du doigt* (fig.) : **mostrare a dito**.

— Signor Pretore, la servo io [1], disse Gaspare, facendosi un poco più avanti. Due anni addietro [2]...

— Un anno e mezzo, corresse [3] Cosimo Sortino.

— Sissignore, dice bene ; ma questo non importa. Un anno e mezzo addietro, la loro sorella Anna [4] se ne venne a stare con me...

— Se ne venne, o la faceste venire per forza ? chiese [5] il pretore.

— Se ne venne lei, di sua *sponte* [6] !, protestò Gaspare.

— Quanti anni aveva ?

— Sedici anni compiti [7], signor Pretore...

— E la famiglia di lei non si oppose ?

— Nossignore ; siamo stati un anno e mezzo insieme, come marito e moglie...

— In casa di mio figlio [4], commentò il vecchio, Anna Sortino è stata sempre trattata bene, ché, grazie a Dio, non siamo ricchi, ma un poco di provvidenza [8] l'abbiamo...

— E durante quest'anno e mezzo, suo padre [4], i suoi fratelli [4], non hanno fatto nulla per riaverla ?

— Cosa dovevano fare ? ridisse il vecchio. Era trattata come una signora !...

Il pretore si volse [9] verso i fratelli Sortino ; chiese duramente :

— In tutto questo tempo, voialtri non avete dunque fatto nulla per la situazione di vostra sorella [4] ?

---

1. Il ne s'agit pas ici de l'expression traditionnelle de la déférence : **servo suo !** ou **bacio le mani !**, mais du sens propre du v. **servire**, servir en apportant l'information.
2. Syn. **indietro**.
3. v. **correggere** ; p.s. **corressi** ; p.p. **corretto** (corrigé et donc *correct*) ; **un caffè corretto** est un café qu'on a corrigé en y mettant un digestif (les Italiens les aiment **amari** : *amers*, à base de plantes), dont le plus connu est le Fernet.
4. Profitez de ce texte pour revoir la règle des possessifs avec les noms de parenté ; voir n. 3, p. 76.
5. Voir n. 1, p. 74.

— Monsieur le juge, permettez-moi, dit Gaspare en s'avançant un peu. Il y a deux ans...

— Un an et demi, corrigea Cosimo Sortino.

— Oui, monsieur, il a raison ; mais cela n'a pas d'importance. Il y a un an et demi, leur sœur Anna est venue vivre avec moi...

— Elle est venue ou vous l'avez fait venir de force ? demanda le juge.

— Elle est venue toute seule, de son *proprio motu* ! , protesta Gaspare.

— Quel âge avait-elle ?

— Seize ans accomplis, monsieur le juge...

— Et sa famille ne s'y est pas opposée ?

— Non, monsieur ; nous avons vécu pendant un an et demi ensemble comme mari et femme...

— Dans la maison de mon fils, commenta le vieux, Anna Sortino a toujours été bien traitée, car, grâce à Dieu, nous ne sommes pas riches mais nous avons notre content...

— Et, durant cette année et demie, son père, ses frères, n'ont rien fait pour la reprendre ?

— Pourquoi auraient-ils fait quelque chose ? dit encore le vieux. Elle était traitée comme une dame !...

Le juge se retourna vers les frères Sortino ; il leur demanda d'un ton sévère :

— Et pendant tout ce temps vous autres n'avez donc rien fait pour régler la situation de votre sœur ?

---

6. *De sa propre volonté*, d'où **spontaneo** ; ce latinisme était-il resté dans la langue courante ou a-t-il été exhumé pour l'occasion ? Nous avons donné un équivalent en termes juridiques français.

7. Du v. **compire** (ou **compiere**) : *accomplir, achever* ; **compiere gli anni** : *fêter son anniversaire* (**compleanno**), **anniversario** étant réservé aux événements historiques. **In Italia, il 25 aprile è l'anniversario della Liberazione (e anche quello della fondazione di Roma), e quindi festa nazionale, giorno festivo.**

8. Tout bien étant un effet de la providence divine !

9. Voir n. 2, p. 74.

— Nossignore, rispose Salvatore alzando il capo.

[— Ah ! va benissimo ! Dunque, riprese, voltandosi verso quegli altri, sono venuti a riprendersi la sorella ? Perché se la volevano riprendere ?...

— Signor Pretore, disse Cosimo Sortino, perché la maltrattava...

— Non è vero ! sostenne[1] Gaspare Sgraia. Io non l'ho maltrattata. Facciamolo dire a lei stessa, allora !...

— O dunque : perché sono venuti a casa vostra ?

— Perché... ecco qua...

Come Gaspare si confondeva, suo padre gli dette una piccola spinta[2] in una spalla, per farlo tacere.

— Signor Pretore, la verità sacrosanta come l'Evangelo[3], la vuol sapere ? È questa che le dico io. Quando mio figlio si prese Anna Sortino, fu col piacere della famiglia di lei. Lo sapevano, che in casa nostra non le sarebbe mancato nulla ! E anzi, il padre della ragazza aveva promesso a mio figlio che gli avrebbe dato un pezzetto di vigna[4]. Gaspare, anzi, se la prese con questo patto. Se non era un ragazzo[5], la vigna doveva farsela dare prima ; ma Vossignoria sa com'è la gioventù, che non considera. Ora, ogni volta che mio figlio mandava a[6] dire a Sortino di mantenere la sua promessa, si sentiva rispondere : « Oggi, domani, stasera... » ma non si concludeva mai niente.]

---

1. Mêmes irrég. que **tenere** ; voir n. 17, p. 27 et n. 1, p. 42.
2. Voir n. 6, p. 107.
3. On dit maintenant **Vangelo** ; *Il Vangelo secondo Matteo* (1964), film de **Pier Paolo Pasolini**. I quattro vangelisti sono : Matteo, Marco, Luca, Giovanni e i loro rispettivi simboli sono l'angelo, il leone, il toro e l'aquila.
4. Le lieu planté ; *la vigne* (plante) : **la vite**. Ce serait l'occasion de

— Non, monsieur, répondit Salvatore en levant la tête.

— Ah ! Très bien ! Donc, reprit-il en se tournant vers les autres, ils sont venus reprendre leur sœur ? Pourquoi voulaient-ils la reprendre ?...

— Monsieur le juge, dit Cosimo Sortino, parce qu'il la maltraitait...

— C'est faux ! affirma Gaspare Sgraia, je ne l'ai pas maltraitée. Demandons-le-lui, pour voir !...

— Et alors, pourquoi sont-ils venus chez vous ?

— Parce que... voilà...

Comme Gaspare s'embrouillait, son père lui donna une tape sur l'épaule pour le faire taire.

— Monsieur le juge, voulez-vous connaître la vérité, sacro-sainte comme l'Évangile ? Je vais vous la dire. Quand mon fils a pris Anna Sortino, sa famille était bien contente. Ils le savaient que chez nous elle n'aurait manqué de rien ! Même que le père de la fille avait promis à mon fils de lui donner un lopin de vigne. C'est même à cette condition que Gaspare l'a prise. La vigne, il aurait dû se la faire donner avant, s'il avait eu un peu de jugeote ; mais Votre Honneur le sait bien, la jeunesse ça ne réfléchit pas. Et alors, chaque fois que mon fils rappelait à Sortino la promesse faite, il s'entendait répondre : « Aujourd'hui, demain, ce soir... » mais on n'arrivait jamais à rien.

---

citer quelques vins italiens connus (du nord au sud) : **l'Asti**, **il Lambrusco**, **il Barbera**, **il Valpolicella**, **il Chianti**, **il Brunello**, **l'Orvieto**, **il Frascati**, **il Lacryma Cristi**, **il Marsala**...

5. m. à m. *s'il n'était pas un enfant.*

6. **mandare** considéré comme un v. de mouvement est suivi de la préposition **a**.

Passa un anno, passa un anno e mezzo, e ancora non abbiamo visto né vigna, né uva !

Il pretore guardava i due fratelli, che restavano impalati [1], con le braccia lunghe pendenti, stando a sentire come non fosse il fatto loro.

— E poi ?

— E poi, signor Pretore, i Sortino erano ben contenti di aver collocata [2] la ragazza senza metter mano alla tasca ! Ma queste sono azioni che non si fanno, ingannare [3] un giovanotto, promettendogli questo e quest'altro, e poi lasciandolo solo nel ballo [4], coi figli che possono venire di momento in momento !...

— Allora, osservò il pretore, se la ragazza era di peso [5] in casa vostra, perché non l'avete lasciata andare, quando sono venuti per riprendersela ?

Gaspare Sgraia disse :

— Ma, signor Pretore, consideri lei : dopo un anno e mezzo che siamo stati insieme, anche se fosse stata una cagna [6] ci avrei preso affezione !...

— Già, l'affezione !... ripeté Cosimo Sortino, sorridendo. L'affezione era per avere la *roba* [7] !

— E non l'avevate promessa, eh ? chiese il vecchio, picchiando [8] con una mano sul tavolo. Bisognava darla, se l'avevate promessa !...

---

1. Voir n. 21, p. 13.
2. v. **collocare**. Couramment : *placer*, *ranger*.
3. **inganno** : *tromperie, leurre* ; **fatta la legge, trovato l'inganno** : *dès que la loi est faite, on trouve le moyen de la tourner.*
4. *danse* ; nous conseillons vivement *La scuola di ballo* (traduit), recueil de nouvelles de **Arturo Loria** (1902-1957), écrivain assez proche de Delfini et comme lui demeuré dans un regrettable oubli jusqu'à ces dernières années. *Un ballo in maschera* (1859), opéra de **Giuseppe Verdi**.
5. *poids* ; **sollevare di peso** : *à bout de bras* ; **due pesi, due**

180

Un an passe, puis un an et demi, et on n'a encore rien vu venir, ni vigne, ni raisin !

Le juge regardait les deux frères qui étaient plantés là, les bras ballants, comme si tout ça ne les concernait pas.

— Et puis ?

— Et puis, monsieur le juge, les Sortino étaient bien contents d'avoir casé leur fille sans mettre la main à la poche ! Mais ça ne se fait pas une chose pareille, rouler un brave garçon en lui promettant ceci et cela, et puis le laisser se débrouiller, sans compter la progéniture qui peut arriver d'un moment à l'autre !...

— Alors, observa le juge, si la jeune fille était une charge pour vous, pourquoi ne l'avez-vous pas laissée partir quand ils sont venus pour la reprendre ?

Gaspare Sgraia dit :

— Mais, monsieur le juge, réfléchissez : après un an et demi qu'on vit avec quelqu'un, même à une chienne, forcément on s'y attache !...

— Eh oui, forcément !... répéta Cosimo Sortino en souriant. On s'y attache pour récupérer le bien !

— Vous l'aviez promis, non ? demanda le vieux en frappant sur la table. Chose promise, chose due !...

---

misure, la formule sert de titre à une plaisante nouvelle de **Dino Buzzati** dans le recueil *Sessanta racconti* (traduit *Les sept messagers*).
6. Ce mot est bien entendu employé à double sens ; masc. : **il cane**.
7. *le bien*, *la propriété*, terrienne surtout ; ce mot revient sans cesse dans les textes de **Verga**, jusqu'à constituer le titre d'une nouvelle ; la laborieuse acquisition, le maintien, l'accroissement ou la perte de cette **roba** constituent le motif premier de l'existence rurale en cette fin de siècle.
8. De **picchio** : *pic-vert* ; *battre, frapper à la porte*.

— Già[1] ; e per costringerla[7] a farvela dare[2], pigliavate a legnate nostra sorella !

— Non è vero, per Gesù Sacramentato ! attestava Gaspare Sgraia. È vero, sissignore, che io le dicevo di persuadere i suoi parenti a dare il convenuto ; ma con le buone[3], sempre con le buone !...

— Già[1] !... già... ripeteva Salvatore Sortino, con un tono d'incredulità, ma senza scomporsi.

— Com'è vero Dio, signor Pretore !...

— E le lividure[4] che vide la comare[5] Giovanna ?

— Le lividure ?... quali lividure ?

La discussione procedeva[6] calmissima, specialmente da parte dei Sortino. Il pretore tagliò corto, rivolgendosi a questi ultimi :

— Insomma, voialtri avevate promesso sì o no di dare la roba ?

— Sissignore ! affermò Salvatore. Ma di darla se nostra sorella era ben trattata, e se le cose andavano come dovevano andare !

— Allora, volevate costringere[7] costui a sposarla, per poi dare la roba ?

— Nossignore ! protestò Sortino. Noi siamo andati per riprenderci nostra sorella !

— E per non dare il convenuto ! esclamò lo Sgraia.

— Naturale ! per non dare niente ! Dopo che la trattavano così !...

---

1. À la forme exclamative le mot équivaut à un acquiescement aux multiples formes : *ah oui ! c'est vrai ! en effet !*
2. m. à m. *à vous la faire donner* (**la roba**).
3. Sous-entendu : **maniere** ; **con le buone o con le cattive** : *de gré ou de force* ; **basta prenderlo con le buone** : *il suffit de savoir le prendre.*
4. On dira plutôt **un livido** : *un bleu* ; **livido** (adj.) : *livide.*

— Et comme ça, pour obliger notre sœur à nous forcer la main, vous la rossiez !

— Par le Christ de tous les sacrements, c'est faux ! attestait Gaspare Sgraia. C'est vrai que je lui disais de persuader ses parents de donner ce qui avait été convenu ; mais par la douceur, toujours par la douceur !...

— Bien sûr, bien sûr... répétait Salvatore Sortino d'un ton incrédule, mais sans se démonter.

— Aussi vrai que Dieu existe, monsieur le juge !...

— Et les bleus, ceux que la mère Giovanna a vus ?

— Les bleus ?... Quels bleus ?

La discussion se poursuivait très calmement, en particulier du côté des Sortino. Le juge coupa court en s'adressant à eux :

— En somme, vous aviez promis, oui ou non, de donner cette vigne ?

— Oui, monsieur ! affirma Salvatore, mais à condition que notre sœur soit bien traitée et que les choses aillent comme elles devaient aller !

— Autrement dit, vous vouliez l'obliger à l'épouser avant de donner quoi que ce soit ?

— Non, monsieur, protesta Sortino, nous sommes allés reprendre notre sœur !

— Pour n'avoir pas à donner ce qui était convenu ! lança Sgraia.

— Évidemment ! On n'allait pas donner alors qu'ils la traitaient comme ça !...

---

5. Ce mot de la langue populaire campagnarde signifie à la fois *marraine, voisine, commère, sage-femme*, autrement dit les multiples fonctions d'une femme de bon voisinage.
6. v. **procedere** : 1. *aller de l'avant, marcher* ; 2. *procéder* ; **non luogo a procedere** : *non-lieu*.
7. Mêmes irrég. que **stringere** : *serrer* ; p.s. **(co)strinsi** ; p.p. **(co)stretto** ; **allora lui fu costretto a sposarla**. Syn. **obbligare**.

Il pretore guardò il cancelliere, che se la godeva[1], grattandosi un'orecchia col portapenne, e faceva delle smorfie[2] con la bocca, come per dire : « Che gente ! ».

— E vostra sorella adesso con chi è ?

— Eh ! con lui... rispose Salvatore, additando Gaspare Sgraia.

— Benissimo ! esclamò il magistrato. Adesso finiamola[1]. Voialtri Sgraia volete dar querela per violazione di domicilio ?

— Una volta che sono venuti a darla loro !

Il cancelliere stropicciava[3] i piedi sull'impiantito[4].

— Allora, siete voialtri Sortino che vi querelate per aggressione e ferimento[5] ?

I due fratelli si consultarono con lo sguardo. Cosimo disse :

— Eh ! se si querelano essi...

Il pretore picchiò con una mano sul banco, e sorse[6] in piedi.

— Non c'è fretta. Quando poi vi deciderete !... Usciere, chiamate l'udienza.

---

1. On retrouve le **la** indéfini dans ces deux expressions.
2. **una smorfiosa** : *une mijaurée*.
3. **lo stropiccìo** : *le bruit des pas traînés* ; suff. **-io** pour indiquer un bruit : **mormorìo, fruscìo**...
4. *le sol* d'une pièce ; **impiantito di mattonelle, di legno, di marmo**.
5. v. **ferire** : *blesser* ; **una ferita** : *une blessure*. **Ferito a morte**, roman (traduit) de **Raffaele La Capria**, salué en 1961 comme un exemple italien du « nouveau roman ».
6. v. **sorgere** : *surgir, se dresser* ; p.s. **sorsi** ; p.p. **sorto** ; **il sorger del sole** : *le lever du soleil*.

Le juge regarda le greffier qui se délectait, se grattant une oreille avec son porte-plume, et faisait des grimaces avec la bouche comme pour dire : « Quelle engeance ! ».

— Et votre sœur, en ce moment, avec qui est-elle ?

— Eh bien, avec lui..., répondit Salvatore en montrant Gaspare Sgraia.

— Très bien ! s'écria le magistrat. Maintenant finissons-en. La famille Sgraia veut donc porter plainte pour violation de domicile ?

— Étant donné que eux ils sont venus porter plainte !

Le greffier frottait ses pieds par terre.

— Alors c'est vous les Sortino qui portez plainte pour agression et blessures ?

Les deux frères se consultèrent du regard. Cosimo dit :

— Ben, si eux ils portent plainte...

Le juge frappa son banc de la main et se leva.

— Nous ne sommes pas pressés. Quand vous serez décidés !... Huissier, annoncez l'audience.

Citons ces vers de **Parini** (voir n. 16, p. 43) :

> *Sorge il Mattino in compagnia dell'Alba*
> *Innanzi al Sol che di poi grande appare*
> *Su l'estremo orizzonte a render lieti*
> *Gli animali e le piante e i campi e l'onde.*   **Il Giorno.**

• On retrouvera de semblables situations, plus ou moins violentes, mais toujours moins dérisoires qu'il n'y paraît, dans des nouvelles d'autres écrivains du Sud, **Pirandello** (*La giara*) ou **Verga** (*Guerra di santi*) par exemple.

Dix poésies pour dix nouvelles

Soucieux d'innover, nous offrons aux utilisateurs de ce nouveau bilingue, à la place d'un lexique souvent présent dans les autres volumes de la collection, un *appendice poétique*.

Pour chacune des nouvelles nous avons choisi un poème qui nous semble avoir un lien, parfois lointain et immanquablement subjectif, avec le texte en prose. Chaque fois nous essaierons d'expliciter brièvement le rapport que nous avons imaginé entre les deux textes, nous fournirons une traduction et donnerons en note les équivalents contemporains des formes archaïques ou poétiques de la langue, justifiant, si nécessaire, quelque imprécision ou liberté de la traduction.

Le lecteur va donc se trouver en possession d'un minuscule condensé de la poésie italienne, des origines au début de ce siècle. Approche certes lacunaire, mais que nous espérons suggestive et féconde de nouvelles curiosités.

1

Francesco PETRARCA
(1304-1375)

La vita fugge, et non s'arresta una hora,
et la morte vien dietro a gran giornate,
et le cose presenti et le passate
mi dànno guerra, et le future anchora ;

e 'l rimembrare et l'aspettar m'accora,
or quinci or quindi, sí che 'n veritate,
se non ch'i'[1] ò[2] di me stesso pietate,
i' sarei già di questi pensier' fora[3].

Tornami avanti, s'alcun dolce mai
ebbe 'l cor tristo ; et poi da l'altra parte
veggio al mio navigar turbati i vènti ;

veggio fortuna[4] in porto, et stanco omai[5]
il mio nocchier, et rotte arbore[6] et sarte,
e i lumi bei che mirar soglio, spenti.

Remarquer l'orthographe ancienne, proche du latin, de : et, hora, anchora, veritate, pietate, veggio. **1.** io, **2.** ho, **3.** fuori, **4.** sens ancien de *tempête*, **5.** ormai, **6.** alberi (*arbres* et *mâts*).

1

Francesco PETRARCA
(1304-1375)

La vie s'enfuit et ne s'arrête une heure,
et la mort la suit à grandes journées,
et les choses présentes et passées
me font la guerre et les futures aussi ;

souvenir et attente, tour à tour
m'affligent, et en vérité,
si n'était la pitié pour moi-même,
j'aurais déjà à ces tourments mis fin.

Il me souvient si jamais quelque bien
sentit ce cœur dolent ; et je vois devant moi
les vents furieux encontre mon navire ;

je vois tempête au port, et las dorénavant
mon nocher, et brisés mâts et haubans,
et les beaux regards, que je mirais, éteints.

• Le temps qui s'effrite, la tentation de la mort, le regard incertain entre
passé et avenir quand l'être cher (ici il s'agit de Laure) a disparu.

2

Giacomo LEOPARDI
(1798-1837)

IMITAZIONE

Lungi[1] dal proprio ramo,
povera foglia frale[2],
dove vai tu ? — Dal faggio
là dov'io nacqui, mi divise il vento.
Esso, tornando[3], a volo[4]
dal bosco alla campagna,
dalla valle mi porta alla montagna.
Seco[5] perpetuamente
vo pellegrina, e tutto l'altro ignoro.
Vo dove ogni altra cosa,
dove naturalmente
va la foglia di rosa,
e la foglia d'alloro.

---

1. lontano, **2.** fragile, **3.** girando, **4.** *en vol*, **5.** con lui (*id.* meco, teco).

• La feuille fragile qu'une bourrasque a arrachée de sa branche et qui erre sans trop savoir où la conduiront ses pas.
Ce poème de Leopardi, publié pour la première fois dans l'édition des *Canti* de 1835, est l'imitation d'un texte d'Antoine-Vincent Arnault (1766-1834) qui parut anonyme sur le *Spettatore Italiano* en 1818 comme épigraphe d'un article sur la mélancolie. « De ta tige détachée,

IMITATION

Bien loin de ton rameau,
pauvre feuille fragile,
où t'en vas-tu ? — Du hêtre
où je naquis m'arracha le vent,
qui dans ses tourbillons m'envole,
et du bois à la plaine,
du vallon jusqu'au mont, m'emporte.
Avec lui sans répit,
je vais errant, sans rien savoir du reste.
Je vais où vont toutes les choses,
là où la nature mène
et la feuille de rose
et celle du laurier.

/ Pauvre feuille desséchée, / Où vas-tu ? — Je n'en sais rien. / L'orage a brisé le chêne / Qui seul était mon soutien. / De son inconstante haleine, / Le zéphir ou l'aquilon / Depuis ce jour me promène / De la forêt à la plaine, / De la montagne au vallon ; / Je vais où le vent me mène / Sans me plaindre ou m'effrayer ; / Je vais où va toute chose, / Où va la feuille de rose / Et la feuille de laurier. » Ce ton élégiaque, dépourvu d'amertume et de violence, est assez rare chez Leopardi.

3

Pietro BEMBO
(1470-1547)

Crin d'oro crespo, e d'ambra tersa e pura,
Ch'a l'aura[1] su la neve[2] ondeggi e vole ;
Occhi soavi, e più chiari che 'l Sole,
Da far giorno seren la notte oscura ;
   Riso, che acqueta ogni aspra pena e dura ;
Rubini e perle, ond'escono parole
Sì dolci, ch'altro ben l'alma[3] non vuole :
Man d'avorio, che i cor distringe e fura[4] ;
   Cantar, che sembra d'armonia divina,
Senno maturo a la più verde etade,
Leggiadria non veduta unqua[5] fra noi ;
   Giunta a somma beltà somma onestade[6] ;
Fur l'esca del mio foco[7], e sono in voi
« Grazie, che a poche il Ciel largo destina[8]. »

Francesco BERNI
(1497-1535)

Chiome d'argento fine, irte e attorte
Senz'arte, intorno ad un bel viso d'oro ;
Fronte crespa, u'[9] mirando io mi scoloro,
Dove spunta i suoi strali[10] amore e morte ;
   Occhi di perle vaghi, luci torte
Da ogni obbietto disuguale a loro ;
Ciglia di neve, e quelle, ond'io m'accoro,
Dita, e man dolcemente grosse e corte ;
   Labbra di latte, bocca ampia celeste,
Denti d'ebano, rari e pellegrini,
Inaudita ineffabile armonia ;
   Costumi alteri e gravi ; a voi, divini
Servi di amor, palese fo, che queste
Son le bellezze della donna mia.

---

1. aria, vento ; mot qui permit à Pétrarque les jeux de mots sur Laura,
l'aura, l'auro (l'oro), lauro. 2. nous avons explicité la métaphore,
3. anima, 4. ruba, 5. mai, 6. onestà, 7. fuoco, 8. vers de Pétrarque,
9. dove, 10. frecce.

Cheveux d'or annelés, d'ambre limpide et pure,
Qui à la brise, sur cou de neige, ondoient et volent ;
Regards suaves, plus clairs que le Soleil ;
Qui de la nuit obscure font jour serein ;
    Rire où s'endort peine amère et cruelle ;
Rubis et perles d'où sortent des paroles
Si douces que l'âme ne désire autre bien ;
Main d'ivoire qui serre et dérobe mon cœur ;
    Doux accents qui suggèrent une harmonie divine,
Esprit mûri à l'âge le plus tendre,
Grâce jamais rencontrée ici-bas ;
    Suprême modestie jointe à beauté suprême ;
Pour attiser mon feu, furent et sont en vous
« Des grâces qu'à bien peu le Ciel prodigue assigne ».

Chevelure d'argent fine, hirsute et enroulée
Sans art, encadrant un beau visage d'or ;
Front ridé, qu'à regarder je blêmis,
Où amour et mort émoussent leurs flèches ;
    Regards de perles troubles qui se détournent
De tout objet qui ne leur ressemble ;
Sourcils de neige et, affligeante vision,
Doigts et mains suavement gros et courts ;
    Lèvres de lait, large bouche bleue,
Dents d'ébène, rares et branlantes,
Inouïe, ineffable harmonie ;
    Mœurs hautaines et sévères : à vous divins
Serviteurs d'amour, j'affirme que ce sont là
Les beautés de ma dame.

• Nous donnons ici deux sonnets, celui de Berni se présentant comme
la satire d'une tradition pétrarquisante abâtardie et stérilisée en clichés
et métaphores usées. La juxtaposition de ces deux textes est quasiment
le reflet de la double tonalité de la nouvelle, sur le mode de la raillerie.

4

Giuseppe PARINI
(1729-1799)

SULLA LIBERTÀ CAMPESTRE

Perché turbarmi l'anima
O d'oro, o d'onor brame,
Se del mio viver Atropo[1]
Presso è a troncar lo stame,
E già per me si piega
Sul remo il nocchier brun
Colà donde si nega
Che ci ritorni alcun ?
Queste che ancor ne avanzano
Ore fugaci e meste,
Belle ci renda e amabili
La libertade agreste.
Qui Cerere ne[2] manda
Le biade, e Bacco il vin ;
Qui di fior s'inghirlanda
Bella Innocenza il crin.
So che felice stimasi[3]
Il possessor d'un'arca
Che Pluto abbia proprizio
Di gran tesoro carca[4] ;
Ma so ancor, che al potente
Palpita oppresso il cor
Sotto la man sovente
Del gelato timor.
Me non nato a percotere
Le dure illustri porte
Nudo accorrà[5], ma libero,
Il regno de la morte.
No, ricchezza nè onore
Con frode o con viltà
Il secol venditore
Mercar[6] non mi vedrà.   *(La Vita Rustica,*
                                        1758?, v. 1-32)

---

1. l'une des trois Parques, **2.** ci, **3.** enclise du pronom au présent qui n'est plus usitée, **4.** carica, **5.** accoglierà, **6.** mercanteggiare.

4

Pourquoi troubler mon âme
à convoiter l'or ou les honneurs,
si de ma vie Atropos
s'apprête à trancher le fil,
et si déjà pour moi le nocher brun
se courbe sur sa rame
là d'où l'on dénie
que personne jamais puisse revenir ?

Que ces heures qui nous restent encore,
heures fugaces et mélancoliques,
belles les fasse et aimables
la liberté agreste.
Que Cérès nous donne ici-bas
les moissons, et Bacchus le vin ;
qu'ici-bas la Belle Innocence
orne de fleurs sa chevelure.

Je sais qu'on croit heureux
le possesseur d'un coffre
que Plutus aurait propice
empli d'un immense trésor ;
mais je sais aussi que du puissant
le cœur oppressé palpite
sous la main glacée
maintes fois de la crainte.

Moi qui ne suis pas né pour frapper
aux froides et illustres portes,
nu mais libre m'accueillera
le royaume de la mort.
Non, ni richesse ni honneur,
par ruse ou vilénie,
jamais ce siècle vénal
monnayer ne me verra.

• Il était intéressant de s'arrêter sur une œuvre de Parini dont les vibrantes leçons d'humilité, de rectitude morale et de grandeur civique semblent n'avoir été entendues que d'une seule femme (la comtesse) sur le territoire où il exerça son préceptorat.

5

Giovanni PASCOLI
(1855-1912)

LA SERA [1]

Il giorno fu pieno di lampi ;
ma ora verranno le stelle,
le tacite stelle. Nei campi
c'è un breve *gre gre* di ranelle.
Le tremole foglie dei pioppi
trascorre [2] una gioia leggiera.
Nel giorno, che lampi ! che scoppi !
   che pace, la sera !
Si devono aprire le stelle
nel cielo sì tenero e vivo.
Là, presso le allegre ranelle,
singhiozza monotono un rivo.
Di tutto quel cupo tumulto,
di tutta quell'aspra bufera,
non resta che un dolce singulto
   nell'umida sera.
È, quella infinita tempesta,
finita in un rivo canoro.
Dei fulmini fragili restano
cirri di porpora e d'oro.
O stanco dolore, riposa !
La nube nel giorno più nera
fu quella che vedo più rosa [3]
   nell'ultima sera.
Che voli di rondini intorno !
che gridi nell'aria serena !
La fame del povero giorno
prolunga la garrula cena.
La parte, sì piccola, i nidi
nel giorno non l'ebbero intera.
Nè io [4]... e che voli, che gridi,
   mia limpida sera !
Don... Don... E mi dicono, Dormi !
mi cantano, Dormi ! sussurrano,
Dormi ! bisbigliano, Dormi !
là, voci di tenebra azzurra...
Mi sembrano canti di culla,
che fanno ch'io torni com'era [5]...
sentivo mia madre... poi nulla...
   sul far della sera.

(*Canti di Castelvecchio*)

---

1. on regrette que *soir* ne soit pas féminin en français, **2.** le sujet est
una gioia leggera, **3.** m. à m. *fut celui que je vois le plus rose*, **4.** m. à m.
ni moi, moi non plus, **5.** ero.

LE SOIR

Le jour fut rempli d'éclairs ;
mais les étoiles vont venir,
les silencieuses étoiles. Dans les champs
il y a un furtif *coa coa* de rainettes.
Les tremblants feuillages des peupliers
traverse une joie légère.
Que d'éclairs ! que d'éclats ! le jour,
    et quelle paix, le soir !
Les étoiles vont s'ouvrir
dans le ciel si tendre et vivant.
Là, tout près des joyeuses rainettes,
sanglote monotone un ruisseau.
De tout ce sourd tumulte,
de toute cette rude tourmente,
il ne reste qu'un doux sanglot
    dans l'humide soir.
Cette tempête infinie
se finit en un ruisseau chantant.
De ces frêles éclairs ne restent
que des nuées de pourpre et d'or.
Oh lasse douleur, repose !
Le nuage le plus noir du jour
maintenant devenu le plus rose
    dans le finissant soir.
Que de vols d'hirondelles alentour !
Que de cris dans l'air serein !
La faim de la chiche journée
prolonge leur dîner babillard.
Leur portion, si menue, les nids
aujourd'hui ne l'eurent pas entière ;
Et moi ?... que de vols, que de cris,
    mon limpide soir !
Don... Don... Elles me disent, dors !
elles me chantent, dors ! elles susurrent,
dors ! elles chuchotent, dors !
là-bas, les voix de ténèbres bleues...
On dirait des berceuses
qui me ramènent tel que j'étais...
j'entendais ma mère... et puis rien...
    lorsque tombait le soir.

• L'apaisement du soir après le tumulte du jour, l'orage et les éclairs. Une pudique mélancolie et le sommeil qui ramène le vieux rêve enfantin de l'harmonie, même si l'atmosphère de Pascoli est plus agreste que citadine.

6

Dante ALIGHIERI
(1265-1321)

A Guido Cavalcanti

Guido, i' vorrei che tu e Lapo ed io
fossimo presi per incantamento
e messi in un vasel[1] ch'ad ogni vento
per mare andasse, al voler vostro e mio,
si che fortuna[2] o altro tempo rio
non ci potesse dare impedimento,
anzi, vivendo sempre in un talento[3],
di stare insieme crescesse 'l disio[4].

E monna Vanna e monna Lagia poi
con quella ch'è sul numer de le trenta[5]
con noi ponesse il buono incantatore[6] :
e quivi ragionar sempre d'amore,
e ciascuna di lor fosse contenta,
sì come i' credo che saremmo noi.

---

1. vascello, 2. tempesta (voir sonnet de Pétrarque), 3. voglia,
4. desiderio, 5. dans un *sirventès*, Dante avait fait l'énumération des
trente plus belles dames de Florence, parmi lesquelles se trouvait évidemment Béatrice. 6. l'enchanteur Merlin.

Guido, je voudrais que toi et Lapo et moi
fussions ravis comme d'enchantement
et mis dans un vaisseau qui par tout vent
de par la mer allât, à mon gré et au vôtre,
si bien que ni fortune ni temps mauvais
ne puisse nous donner empêchement aucun,
mais plutôt, vivant toujours d'une seule envie,
que s'accrût le désir de demeurer ensemble.

Et puis que dame Vanna et aussi dame Lagia
et celle qui se trouve au nombre des trente
place avec nous l'enchanteur avisé :
et là sans fin que raisonnions d'amour,
pour que chacune d'elles soit contente,
comme nous le serions nous-mêmes, ce me semble.

• Au temps de Dante (et de Boccace), le voyage était synonyme de parler
d'amour entre gens qui avaient « intelligence d'amour ». Au temps de
Bontempelli (et de Butor), où la dette d'amour est devenue dette
d'argent, il est soliloque autour d'une araignée (ou d'un pépin de
pomme).

Vittoria COLONNA
(1492-1547)

Provo, tra duri scogli e fiero vento,
l'onde di questa vita, in fragil legno[1],
e non ho più, a guidarlo, arte né ingegno ;
quasi è, al mio scampo[2], ogni soccorso lento.
   Spense l'acerba morte, in un momento,
quel ch'era la mia stella e 'l chiaro segno ;
or contro 'l mar turbato e l'aer[3] pregno[4],
non ho più aita[5], anzi più ognor pavento :
   non il dolce cantar d'empie sirene,
non di rumper[6] tra queste altere sponde ;
non di fundar[7] nelle commosse arene ;
   ma sol di navigare ancor queste onde,
che tanto tempo solco, e senza spene[8],
ché, il fido porto mio, morte nasconde.

---

1. nave, 2. salvezza, 3. aria, 4. densa di nubi, 5. aiuto, 6. rompere,
7. affondare, 8. speranza.

J'éprouve parmi rudes récifs et vent cruel
les flots de cette vie, sur un frêle esquif,
et plus n'ai, pour le conduire, ni art ni science ;
toute aide à mon secours semble tarder.
   L'amère mort éteignit en un instant
qui était mon étoile et mon lumineux guide ;
désormais, contre la mer houleuse et le ciel lourd,
toute aide m'est ôtée ; toujours plus je redoute,
   non point le chant suave des trompeuses sirènes,
non point de me briser sur ces rives sauvages,
non point de m'échouer sur ces sables mouvants ;
   mais de devoir encore voguer sur cette mer,
que depuis si longtemps sans espoir je sillonne,
car la mort me dérobe le port où je me rassurais.

• Écriture « féminine » de Delfini qui regarde, écoute, ressent à travers
Evelina. Anéantie sur le pavé froid de ce palier, le port (la porte) lui
est fermé(e), mais il lui faudra naviguer encore, seule au milieu des
écueils.

8

Ugo FOSCOLO
(1778-1827)

DI SE STESSO

Perché taccia il rumor di mia catena
Di lagrime, di speme[1], e di amor vivo,
E di silenzio ; ché pietà[2] mi affrena,
Se con lei parlo, o di lei penso e scrivo[3].

Tu sol[4] mi ascolti, o solitario rivo,
Ove[5] ogni notte Amor seco mi mena,
Qui affido il pianto e i miei danni descrivo,
Qui tutta verso del dolor la piena[6].

E narro come i grandi occhi ridenti
Arsero d'immortal raggio il mio core,
Come la rosea bocca, e i rilucenti

Odorati capelli, ed il candore
Delle divine membra, e i cari accenti
M'insegnarono alfin pianger d'amore.

Syntaxe complexe avec nombreuses inversions et anacoluthes. Influence pétrarquesque manifeste, ici encore.
1. speranza, **2.** à la fois *pitié* et *piété*, **3.** m. à m. *si avec elle je parle,
ou d'elle je pense et j'écris*, **4.** solo, **5.** dove, **6.** en rétablissant l'ordre
des mots : Qui verso tutta la piena del dolor.

8

Ugo FOSCOLO
(1778-1827)

DE LUI-MÊME

Pour faire taire le bruit de ma chaîne
De larmes, d'espoir et d'amour je vis,
Et de silence ; car la pitié m'apaise
Qui avec elle me fait parler ou penser ou écrire.

Toi seul m'écoutes, solitaire ruisseau,
Où chaque nuit Amour m'entraîne avec lui :
Là je confie mes pleurs, je dépeins mes souffrances,
Là je déverse le trop-plein de ma peine.

Et je narre comment ses grands yeux riants
Brûlèrent d'un immortel rayon mon cœur,
Comment sa bouche rosée et ses cheveux

Brillants et parfumés, et la candeur
De ses membres divins, et ses tendres accents
M'apprirent enfin à pleurer d'amour.

• Comme Vittorini, c'est de femme perdue, de larmes et de souffrance
que parle Foscolo. Et chez ce poète qui s'est si violemment battu pour
que l'Italie secoue le joug autrichien, cette femme pourrait bien être
aussi la métaphore de la liberté.

9

Cecco ANGIOLIERI
(1258?-1312?)

S' i'[1] fossi foco, arderei lo[2] mondo ;
S' i' fossi vento, lo tempesterei[3] ;

S' i' fossi acqua, io l'annegherei ;
S' i' fossi Dio, mandereil' 'n[4] profondo ;

S' i' fossi papa, sare' allor giocondo
Che tutt' i cristïan tribolerei ;

S' i' fossi 'mperator, sai che farei ?
A tutti mozzarei lo capo a tondo.

S' i' fossi Morte, andarei[5] da mio padre ;
S' i' fossi Vita, fuggirei da lui :
Similemente faria[6] di mi' madre.

S' i' fossi Cecco, com' i' sono e fui,
Torrei le donne giovani e leggiadre,
E vecchie e laide lasserei[7] altrui.

---

1. se io, 2. il, 3. nous avons créé un néologisme pour ne pas trop bousculer le vers, 4. lo manderei in, 5. andrei, 6. farei, 7. lascerei.

Si j'étais feu je brûlerais le monde ;
Si j'étais vent je le tempêterais ;

Si j'étais eau je le submergerais ;
Si j'étais Dieu je l'anéantirais ;

Si j'étais pape que je serais content
Car les chrétiens je les malmènerais ;

Si j'étais empereur sais-tu ce que je ferais ?
Toutes les têtes à la ronde je trancherais.

Si j'étais la Mort j'irais chez mon père ;
Si j'étais la Vie je fuirais loin de lui ;
Semblablement je ferais de ma mère.

Si j'étais Cecco comme je fus et suis,
Je prendrais les femmes jeunes et belles,
Les vieilles et laides les laissant pour autrui.

• Notre Giacomo ne renierait sans doute pas la philosophie de cet iconoclaste expéditif chez qui le mot tient lieu d'action, mais il y mettrait plus de circonlocutions.
Ce poème a été mis en musique par l'auteur-interprète contemporain Fabrizio de' André.

Ludovico ARIOSTO
(1474-1533)

LA FAVOLA DELLA LUNA

Nel tempo ch'era nuovo il mondo ancora,
e che inesperta era la gente prima[1],
e non eran l'astuzie che sono ora ;

a piè d'un alto monte, la cui cima
parea toccasse il cielo, un popol, quale
non so mostrar[2], vivea nella valle ima[3],

che più volte osservando la ineguale
luna, or con corna or senza, or piena or scema,
girar il cielo al corso naturale ;

e credendo poter dalla suprema[4]
parte del monte giungervi, e vederla
come si accresca e come in sé si prema[5] ;

chi con canestro, chi con sacco per la
montagna, cominciàr[6] correre in su,
ingordi tutti a gara di volerla.

Vedendo poi non esser giunti più
vicini a lei, cadeano a terra lassi,
bramando invan d'esser rimasti giù.

Quei ch'alti li vedean dai poggi bassi,
credendo che toccassero la luna,
dietro venian con frettolosi passi.

Questo monte è la ruota di Fortuna,
nella cui cima il volgo ignaro pensa
ch'ogni quïete sia, né ve n'è alcuna.

(Satire, III,
v. 208-231)

---

1. primitiva, 2. m. à m. *je ne sais désigner*, 3. profonda, 4. più alta,
5. *sur elle-même se resserre*, 6. cominciarono.

LA FABLE DE LA LUNE

Au temps où était neuf le monde encore,
et la gent primitive inexperte,
sans les roueries qu'on voit aujourd'hui,

au pied d'un mont altier dont la cime
semblait toucher le ciel, un peuple
que je ne saurais nommer, vivait au fond de la vallée,

qui maintes fois observant la lune
changeante, avec ou sans cornes, pleine ou entamée,
accomplir dans le ciel sa ronde naturelle,

et croyant pouvoir, au plus haut
du mont, parvenir jusqu'à elle et voir
comment elle grossit et comment se rétracte,

qui de panier et qui de sac fourni,
commencèrent à gravir la montagne,
tous avides à l'envi de la saisir.

Voyant qu'ils n'étaient pas parvenus
plus près d'elle, ils se laissaient tomber à terre,
en vain regrettant de n'être point restés en bas.

Ceux qui des bas coteaux les découvraient là-haut,
croyant les voir toucher la lune,
se hâtaient de les suivre.

Ce mont est la roue de Fortune,
dont la cime est pour le vulgaire ignare
siège de tout repos, alors qu'il n'est d'aucun.

• Qui croit décrocher la lune dans cet étrange procès qui a des allures
d'apologue ou de fable comme celles que le courtisan Ludovico Ariosto
écrivait parfois pour déjouer la censure des princes et rire ou pester
dans sa barbe ?

Impression réalisée sur Presse Offset par

BRODARD & TAUPIN

GROUPE CPI

32629 – La Flèche (Sarthe), le 16-11-2005
Dépôt légal : décembre 2005

POCKET – 12, avenue d'Italie - 75627 Paris cedex 13
Tél. : 01.44.16.05.00

Imprimé en France